KB023623

대한민국 입학사정관의
대학입시 합격비법

대한민국 입학사정관의 대학입시 합격비법

초판 1쇄 인쇄 2021년 4월 23일
초판 1쇄 발행 2021년 4월 30일

지은이 한기호

펴낸이 박세현
펴낸곳 팬덤북스

기획위원 김정대 · 김종선 · 김옥림
편집 윤수진 · 김상희
디자인 이새봄 · 강진영
영업 전창열

주소 (우)14557 경기도 부천시 부천로 198번길 18 202동 1104호
전화 070-8821-4312 | **팩스** 02-6008-4318
이메일 fandombooks@naver.com
블로그 http://blog.naver.com/fandombooks

출판등록 2009년 7월 9일(제2018-000046호)

ISBN 979-11-6169-156-5 13370

입학사정관이 알려주는
학생부/자소서/교과활동/면접의 모든 것!

PASS

대한민국
입학사정관의

대학입시
합격
비법

UNIVERSITY

팬덤북스

입시는 1학년 때, 면접 준비부터!

인문계 고등학교와 대안학교 등에서 교직생활을 한 적이 있습니다. 20여 년 가까이 교직생활을 하면서 입시는 절대 학생 혼자서 감당할 수 있는 문제가 아니라는 사실을 뚜렷하게 배웠습니다. 입시는 학교와 학생, 그리고 학부모가 함께 협력해야 하는 중요한 문제입니다. 이것은 교육에 대한 보편적 인식과도 통하는 관점입니다. 교육은 학생과 학교와 학부모가 함께 고민하고 답을 찾아야 하는 과정인 것과 같습니다. 물론 그렇다고 해서 교육이 곧 입시라는 의미는 아닙니다. 교육에 대해 학생과 학부모와 학교가 함께 고민하고 노력해야 하는 것이 옳은 것과 마찬가지로 입시 역시 그렇다는 뜻입니다. 교육이 곧 입시는 아니지만 입시는 교육의 일부분이기 때문이지요.

일반적인 학생들은 고등학교 입학과 동시에 입시를 생각하지 않습니다. 고등학교 생활에 적응하느라 1학년은 훌쩍 지나가곤 합니다. 2학년이 되면 학교에 적응하여 나름대로 열심히 학교생활을 합니다. 그러다가 어느 날 갑자기 3학년이 됩니다. 우리 인생과도 비슷합니다. 우리는 어느 날 갑자기 인생의 중요한 시기를 맞닥뜨리게 됩니다. 입시도 그와 같습니다. 그것은 어느 날 갑자기 우리 앞에 등장합니다.

　이것은 보편적인 학부모들에게도 마찬가지입니다. 자녀를 학교에 보내놓고 졸업할 때까지 아무런 관심을 기울이지 않는 학부모들을 많이 알고 있습니다. 고등학교 1학년과 2학년 때에는 아무 관심이 없다가 3학년만 되면 느닷없는 관심과 열정으로 학교 일에 적극적으로 관여하는 학부모들도 만났습니다. 우리 아이는 다른 것은 다 필요 없고 그저 건강하게 좋은 인성으로 청소년 시절을 보내기를 바란다고 했다가 3학년만 되면 명문대학에 입학하는 것이 그간의 모든 교육의 당연한 결과인 것처럼 주장하는 분들도 만났습니다.

　입학사정관으로 일하면서 우리 교육 현장이 제가 교직에 있던 그때와 그리 달라진 것이 없다는 사실을 깨닫곤 합니다. 교육과 입시에 대한 무관심은 결국 우리 교육과 사회 전반에 대한 무관심으로 연결됩니다. 입시가 어느 날 갑자기 나에게 닥치는 일이 아니라는 것을 알아야 합니다. 교육의 문제가 입시 하나로 귀결되지는 않지만 입시는 우리 교육에서 결코 무시할 수 없는 부분임을 알아야 합니다.

　이 책에서는 특히 '면접'에 초점을 두고자 합니다. 입시를 고등학교 1학년 때부터 준비해야 하는 이유, '면접'이라는 하나의 전형 요소가 어떻게 입시 전반의 구조를 변화시킬 수 있는지, 아니 그것이 어떻게 우리 교육 전반을 흔들 수 있는지에 대한 생각들을 이야기하고 싶습니다.

여러분의 자녀가 전국 등수 상위권이고 흔히 말하는 명문대학 입학에 전혀 어려움이 없는 경우라면 이 책을 읽을 필요가 없습니다. 이 책은 평범한 대다수의 학생들과 역시 그처럼 평범한 대다수의 학부모들을 위해 쓴 책입니다. 우리는 모두 평범하지만 우리 자녀들만은 평범하지 않기를 바라는 부모님들을 생각하면서 쓴 책입니다.

합격 면접 1단계 : 평소에 챙겨야 할 학교생활기록부

합격 면접 2단계 : 항상 준비해야 할 자기소개서

합격 면접 3단계 : 말하기 훈련

한 나라의 인재를 가르쳐 기르는 일은 그 나라의 미래와 직결되는 중요한 문제입니다. 머리로는 다들 그렇게 인식하고 있으나 정작 가장 자주 바뀌고 가장 혼란스러운 주제 중 하나가 교육입니다. 잦은 변화와 불확실성은 대상에 대한 불신을 불러오기 마련입니다. 우리 교육과 입시에 만연한 불신의 그늘을 걷어내고 조금이라도 더 믿을 수 있고 안정적인 길을 마련하는 일은 무엇일지 사회 전체가 고민해야 합니다. 면접이라는 지극히 작은 하나를 건드려 교육 전체의 변화를 가져올 수는 없겠지만 입시 현장에서 고민한 내용을 함께 나눠보고자 합니다.

Chapter 1

대학입시 대비는
1학년부터
시작하라!

1

**입시는
불신의
대상인가?**

📚 입시의 시작은 불신에서

입시 현장에 조금 있어본 경험을 토대로 말씀드리자면 현재 대한민국 입시를 움직이는 가장 큰 원동력은 '불신'입니다. 우리 교육 현장을 가장 크게 덮고 있는 세력도 '불신'입니다. 우리 사회를 가장 크게 지배하는 힘도 '불신'입니다. 신뢰성, 공정성, 객관성 따위의 말들이 가장 많이 등장하는 곳이 교육 현장이고 입시 상황입니다. 동시에 그런 단어들의 참된 의미가 가장 많이 훼손되고 있는 곳 역시 교육 현장이라고 보아도 크게 틀리지 않을 것입니다. 믿음을 가장 중요시하는 종교 현장에 믿음이 없는 것과 마찬가지라고나 할까요.

'믿지 않는 것', '믿을 수 없는 것'이 우리 교육을 지탱한다고 생각하는 것은 참담한 일입니다. 선생님들은 학생들을 믿지 않습니다. 학생들은 선생님들을 믿지 않습니다. 학부모들은 학교를 믿지 않습니다. 대학은 고등학교를 믿지 않습니다. 지금의 입시는 모두 이 '불신'을 기반으로 진행된다고 보아도 과언이 아닙니다.

선생님들이 학생들을 믿지 않기 때문에 시험문제의 보안이나 각종 부정행위 단속 등의 이슈들이 지금도 계속되고 있습니다. 중간고사나 기말고사 기간에 고등학교에 입시설명회를 가보면 시험문제 출제를 이유로 교무실에 학생 출입을 금한다는 팻말이 붙어 있기 일쑤입니다. 그런 팻말을 볼 때마다 우리 교육이 어디로 가고 있는지를 생각해봅니다. 교육정책을 수립하시는 분들은 전혀 그런 느낌을 모르시겠지만.

학생들이 선생님들을 믿지 않기 때문에 다양한 종류의 사교육 시장이 창궐합니다. 사교육 시장은 선생님들과 학생들 사이의 신뢰 관계를 흔들며 틈새를 만들고 그것을 더욱 견고하게 구축합니다. 이런 현상은 학부모들의 학교에 대한 불신과 결합하며 더 활발한 기운을 타고 성장하게 됩니다. 학원을 보내지 않고는 대학에 갈 수 없는 것이 우리 교육의 현실이라면, 도대체 학교의 존재 의미는 무엇인지 아무도 의문을 갖지 않는 세상이니 이것은 어떤 종류의 아수라인지 모르겠습니다. 혹은 의문을 가진 사람들은 아무런 힘이 없으니 그저 물결이 흘러가는 대로 무기력하게 지켜보기만 하는 것일지도 모르지요.

학생부종합전형과 정성평가에 대한 불신

학생부종합전형이 등장하자 정성평가에 대한 불신이 팽배하였습니다. 주어진 문제를 풀어 정답을 찾고 그 결과를 수치로 환산하는 정량평가에 익숙하던 사람들은 입학사정관이라는 직업을 가진 사람들이 학교생활기록부와 자기소개서 등을 살펴보고 정성평가를 진행하는 학생부종합전형에 믿음을 주지 못했습니다.

대학은 고등학교를 믿지 못했습니다. 학교생활기록부의 내용만으로는 학생을 온전히 평가할 수 없다고 보고 자기소개서를 도입했습니다. 거기에 더해서 학교생활기록부와 자기소개서의 서류평가에 대한 불신을 완화하기 위해 면접 평가를 도입했지요. 면접 평가에 대한 불신도 팽배하자 '블라인드 면접'이라는 방식을 도입했습니다. 서류평가에 대한 불신 역시 가라앉지 않자 급기야 '블라인드 서류평가'까지 도입했습니다.

잠시만 생각해봅시다. 블라인드 서류평가를 도입하기 전의 모든 평가는 공정하지 않은 것일까요? 블라인드 면접이 도입되기 전의 면접평가는 신뢰할 수 없는 것일까요? 끝없이 개선하고 제도적인 조정을 반복한 학교생활기록부는 이제 완전히 믿을 수 있는 완벽한 기록물이 되었을까요? 지속적인 불신의 반복으로 결국 폐지의 수순을 밟게 된 자기소개서는 정녕 믿을 수 없는 전형자료인가요? 누구도 이 질문들에 대해 명확한 대답을 할 수 없습니다.

놀랍도록 폭넓고 뿌리 깊게 확산되는 이 불신의 그물에서 벗어날 방법은 없을까요? 불신의 그물을 불사르고 신뢰가 넘치는 사회를 만들 능력도 현재 우리에겐 없는 것일까요? 우리는 어쨌든 이 불신의 그물에 사로잡히지 않으면서 무사히 입시의 지난한 물살을 헤엄쳐 빠져나가야만 하는 숙명을 안고 있는 사람들입니다.

📚 입시 불신부터 청산해야…

입시 현장에 만연한 불신의 그물을 벗어나기 위한 노력은 어느 누구에게만 국한된 문제가 아닙니다. 입시는 바야흐로 온국민의 공통 문제입니다. 교육부만의 책임도 아닙니다. 정치, 경제, 사회, 국방, 과학 등 모든 분야에서 함께 지혜와 힘을 모아야만 해결할 수 있는 문제입니다. 소설가 박경리는 오래 전에 〈불신시대〉라는 작품에서 시대의 불신을 이길 힘을 '항거할 수 있는 생명'으로 규정한 바가 있습니다. 전쟁 이후 한국 사회 전반에 만연한 불신을 이길 힘으로는 지나치게 수동적이라는 비판이 없지 않으나, 그럼에도 '생명'이 불신을 이길 힘이라고 인식한 그분의 지혜가 새삼스럽게 다가옵니다.

우리 입시에 만연한 불신을 청산할 수 있는 힘은 '생명'이라고 할 수 있습니다. 이 불신은 사회 전체가 온 힘을 다해 생명을 걸고 맞서야만 이길 수 있다는 의미에서 그렇습니다. 교육계에 만연한 불신을 극복하지 못하면 우리 사회는 생명을 잃고 혼란에 빠질 것이기 때문입니다. 그만큼 교육 현장의 불신, 입시 현장의 불신은 심각한 국가적 병폐라 할 수 있습니다.

역대 어느 정권도 입시 문제를 온전히 해결하지 못했습니다. 정권이 바뀌면 늘 입시 문제에 변화가 따랐습니다. 그에 발맞춰 사교육 시장이 극성을 부렸지요. 학교는 요동치고 학생들은 혼란에 빠졌습니다. 그러나 그뿐, 이후에 나온 어떤 후속 대책도 사회 전반을 만족시키지는 못했습니다. 지금도 역시 마찬가지입니다. 학생부종합전형에 대한 불신의 벽이 높아지니 결국 믿을 수 있는 것은 수능밖에 없다고 주장하는 사람들도 있습니다. 그분들의 심정을 모르는 바 아니나 이미 많은 대학들이 자체 연구를 통해 수능이나 논술보다는 학생부종합전형으로 입학한 학생들의 학업성취도가 더 가파르게 상승하고 있음을, 그로 인해 학생부종합전형 모집인원이 증가세를 보이고 있음을 지속적으로 알려왔습니다. 그럼에도 불구하고 수능밖에 없다고 주장하는 것은 무책임한 것이라 봅니다.

　그동안 우리 학생들은 늘 비참하게 이용만 당하고 살았습니다. 가장 효과적으로 대중의 관심을 끄는 것이 입시를 건드리는 것임을 잘 알고 있는 정치권에서 한 번씩 입김만 불어주면 사회가 요동을 칩니다. 그 와중에 학생들만 억울하게 당하고 삽니다. 문제는 그 학생들의 편에 서서 학생들을 위한 일에 생명을 거는 사람은 없다는 사실입니다. 학부모가 있다고 생각하겠으나 학부모는 부모와 다른 사람들입니다.

　부모는 모든 자식을 같은 생명으로 볼 수 있을지 몰라도 학부모는 자신의 아이만 좋은 대학에 입학하길 바라는 이기적인 존재라고 할 수 있습니다. 학부모에게는 모든 자식들이 다 똑같지 않습니다. 선생님들이 혹 학생의 편에 설 수 있다고 보는 사람도 있겠습니다. 하지만 이렇게 말씀드리면 기분이 나쁘시겠지만 선생님들 역시 숱하게 바뀌는 입시 정책에 따라 빠르게 변신을 도모해야만 좋은 입시 결과를 얻을 수 있다고 생각하는 직업인일 뿐입니다.

　부모가 아닌 학부모, 부모가 아닌 교사의 입장이 그렇다는 것입니다. 대학 역시 입시가 바뀌면 그에 따라 더 좋은 인재들을 영입해야만 존속할 수 있는 운명에 놓인 상업적 기관일 뿐입니다. 사교육 시장이야 더 말할 필요도 없는 일이지요. 그러니 결국 학생들은 힘없이 당하고만 살 뿐입니다. 그 학생이 커서 동일한 정치인이 되지 않기만을 바랄 뿐이지만 지금의 교육 시스템이라면 큰 기대는 접는 것이 좋습니다.

이 혼란의 와중에서 그나마 입학사정관은 객관적인 위치에 서 있는 사람이라 할 수 있을까요? 그렇지 않습니다. 입학사정관 역시 자기 소속 대학의 이익에 따라 움직일 수밖에 없는 가련한 직장인일 뿐이니까요. 그럼에도 불구하고 저는 이 글을 씁니다. 대학에 소속된 직장인의 하나로서가 아니라 대한민국 입시의 극히 미약한 부분을 담당하는 사람으로서 아주 작게나마 학생들에게 보탬이 되고 싶은 소망 하나 때문입니다.

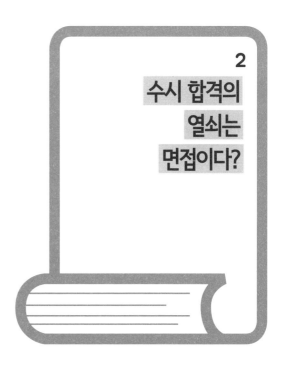

2

수시 합격의 열쇠는 면접이다?

📚 입시 면접의 시작

　면접에 대한 이야기를 해보겠습니다. 학생부종합전형의 면접은 우리 교육사회에 만연한 불신의 물결 속에서 탄생했습니다. 그러니 면접을 잘하려면 이 모든 배경을 잘 이해하는 작업이 선행해야 합니다. 어떤 곳에서 어떻게 태어난 것인지를 아는 일이야말로, 그렇게 존재의 특성을 아는 일이야말로 그것을 극복하거나 이기는 가장 기본적인 전략이 되기 때문입니다.

우리 대학 입시는 많이 단순해졌습니다. 겉으로 보기에는 그렇습니다. 일단 단순하게 수시와 정시로 양분하는 이분법 구분이 가능합니다. 수시모집과 정시모집이라고 명확하게 규정해야 하지만 대부분 수시와 정시로 단순하게 표현합니다. 정시는 정해진 시기에 입학시험인 대학수학능력시험을 통해 학생을 모집하는 전형입니다. 수능 성적으로 대학에 가는 방법이지요. 보통사람들이 대부분 선호하는 방법입니다.

일반적인 사람들은 성적으로 줄을 세우는 것에 익숙합니다. 학교에 다니면서 시험을 치르고 그 시험성적에 따라 평가받는 일에 익숙하기 때문입니다. 선생님이 교육과정에 따라 시험문제를 낸 것이 가장 공정하다고 생각하는 일에 익숙하기 때문입니다. 이런 방법에 익숙한 사회이기 때문에 시험을 치르는 일에 아무 저항감이 없습니다. 경찰이나 소방관이 되기 위해서도 시험을 치르고 성적을 따집니다. 간호사가 되기 위해서도 시험을 봅니다.

문제를 풀고 답을 찾는 행위가 그 대상을 가장 적합하게 선발한다는 믿음에 조금의 의심도 없기 때문에 이 방법이 가장 공정하고 공평한 방법이라고 생각하는 경향이 있습니다. 과연 그러한 것인지에 대해 의문을 갖는 일, 그런 의문이 우리 사회를 어떻게 변화시킬 것인가에 대해 기대를 하는 일 등에 대해서는 더 이상 이야기하지 않기로 합니다. 왜냐하면 우리는 지금 면접에 대한 이야기에 집중하기에도 바쁘거든요.

📚 정시와 다른 수시 전형

수시는 정시와는 다릅니다. 아마도 '때에 따라 다양한 방법으로 학생들을 모집하는 전형'이라는 뜻으로 붙인 이름인 것 같습니다. 그런 뜻으로 시작된 말이겠지요. 하지만 지금의 수시는 진정한 수시라고 할 수가 없습니다. 수시 모집이 문자 그대로 수시 모집이 되려면 대학은 학생들을 수시로 모집할 수 있어야 합니다. 대학이 자율적으로 마련한 전형에 따라 수시로 모집하는 방식이 수시모집의 원래 의미라고 생각합니다. 지금과 같은 방식의 선발 방식은 사실 수시 모집이라고 할 수 없습니다. 이유는 단순합니다. 수시로 모집하지 않기 때문이지요. 엄밀히 말하면 때에 따라 다양한 선발이 아니라 정시 이전에 고정된 방법으로 모집하고 있으니 '정시 이전 모집'이라고 용어를 바꾸어야 맞는 것 같습니다. 하지만 용어 따위야 무슨 의미가 있겠습니까? 우리는 그저 위에서 정해준 규칙에 잘 따르기만 하면 된다는 편한 사고에 길들여 있는데 말입니다.

수시모집은 그저 수능 이전에 다른 방식으로 학생들을 선발하는 전형이 되었습니다. 이 수시는 크게 학교생활기록부의 내신 성적만으로 선발하는 '학생부교과 전형', 학교생활기록부 전체를 보

21

고 평가하여 선발하는 '학생부종합 전형', 대학마다 마련한 논술 시험을 치르는 '논술 위주 전형', 실기나 특기를 중심으로 선발하는 '실기 위주 전형' 등으로 구분할 수 있습니다. 대학마다 전형의 명칭을 좀 다르게 붙여놓아 혼란을 초래하기도 합니다만 공통적인 명칭은 대체로 위와 같습니다.

내신 중심의 학생부교과 전형이나 논술 시험을 치르는 논술 우수자 전형, 특별한 실기를 치르거나 실적이 중시되는 실기 위주 전형을 제외하고 일반적으로 평범한 고등학생들이 수능 성적 이외의 실력으로 대학에 입학할 수 있는 방법이 바로 학생부종합 전형입니다.

학생들을 성적순으로 서열화하지 않겠다는 전형이 학생부종합전형입니다. 단순히 내신 성적으로 줄을 세워 선발하지 않고 학생들의 학교생활 전체를 종합적으로 평가하는 전형입니다. 이 전형은 보편적으로 학교생활기록부와 자기소개서를 중심으로 한 1단계 서류평가로 모집인원의 3배수가 되는 학생들을 선발합니다. 1단계 선발의 모집 인원이나 자기소개서 제출 여부는 대학에 따라서는 조금씩 차이가 있습니다. 자기소개서의 구성에도 약간의 차이가 있지요. 1단계 서류평가를 통해 선발한 학생들을 대상으로 면접평가를 진행하는 2단계 평가 과정을 거치게 됩니다.

참고로 한국대학교육협의회(이하, 대교협)에서 발표한 학생부종합전형 운영 공통기준의 예시는 〈표 1〉과 같습니다.

학생부종합전형 운영 공통 기준(한국대학교육협의회)

평가요소	평가항목	평가내용
학업역량	• 학업성취도 • 학업태도와 학업의지 • 탐구활동	• 교과 성적, 학기별·학년별 성적, 과목별 이수자 수 규모, 등급 외 원점수, 평균, 표준편차 등 • 교과 수업에서의 주도성, 적극성, 집중력 등 태도와 열정 • 지식의 폭을 확장하려는 노력, 학문에의 열의와 지적 관심 등
전공적 합성	• 전공(계열) 관련 교과목 이수 및 성취도 • 전공(계열)에 대한 관심과 이해 • 전공(계열) 관련 활동과 경험	• 지원 전공(계열) 관련 과목 성적, 이수 정도, 수강 이력 등 • 지원 전공(계열)에 대한 흥미와 관심, 이해 정도 • 지원 전공(계열)에 관련된 교과 관련 활동, 창의적 체험활동, 독서활동 등
인성	• 협업능력 • 나눔과 배려 • 소통능력 • 도덕성 • 성실성	• 자발적인 협력과 협동의 경험, 공동과제 수행 등 • 타인을 위한 나눔의 경험 등 • 경청과 공감 태도, 생각과 의견의 표현, 개방적 태도 등 • 집단의 규칙과 규정 준수 노력, 잘못에 대한 개선 노력 등 • 꾸준한 노력, 일관된 모습으로 최선의 노력을 기울인 경험, 책임감 등
발전 가능성	• 자기주도성 • 경험의 다양성 • 리더십 • 창의적 문제해결력	• 기존 경험을 바탕으로 주도적으로 외연을 확장하려는 노력 • 학교교육의 다양한 영역에서의 경험(창의적 체험활동, 독서활동, 예체능영역 등) • 공동체 목표 달성을 위해 주도한 경험 등 • 교내활동 과정에서 창의적 발상으로 문제점을 적극적으로 해결하기 위한 노력 등

23

또한 대교협에서 제시한 학교생활기록부 항목별 평가내용의
예시는 〈표 2〉와 같습니다.

 학교생활기록부 항목별 평가내용(한국대학교육협의회)

항 목	평가내용
학적사항	• 학적변동 사실 확인
출결상황	• 학교생활의 성실성 • 결석/지각/조퇴/결과 횟수 및 특기사항(사유, 학교폭력 조치) 검토
수상경력	• 교내활동 참여 정도 • 관심 분야에 대한 노력과 성취 내용
진로희망사항	• 관심 분야 및 지원동기
창의적 체험활동상황	• 교내활동 참여 성실성 및 적극성 • 관심 분야에 대한 노력의 지속성 및 확장 정도
교과학습발달 상황	• 교과목 이수현황(이수과목, 이수단위, 원점수, 평균, 표준편차, 석차등급, 성취도, 수강자수) • 고교 교육과정 편성에 따른 과목 선택 이력 • 세부능력 및 특기사항에 드러난 학습활동 참여도 및 태도, 활동 내역
독서활동 상황	• 다양한 분야에 대한 독서 내역 • 모집단위(전공 및 계열) 관련 독서 내역
행동특성 및 종합의견	• 교사의 종합의견에 근거하여 지원자 행동특성과 학교생활을 종합적으로 이해

출처 : 한국대학교육협의회

📚 단계별 전형 방법들

1단계 서류평가를 통해 3배수의 학생들을 선발하는 이유는 여러 가지입니다. 가장 단순한 이유는 물리적인 한계 때문입니다. 평가자의 입장에서는 지원한 학생 전원을 대상으로 면접을 보고 싶습니다. 뒤에서 계속 언급하겠지만 면접 평가는 학생을 이해하는데 아주 좋은 평가 방식이기 때문입니다.

하지만 지원자 모두를 대상으로 하루에 일시적으로 면접을 하는 일은 불가능합니다. 그래서 부득이 3배수의 학생들만 대상으로 면접을 진행하게 됩니다. 문제는 여기에 있습니다. 1단계 서류평가로 선발한 학생들의 성적은 어떨까요? 이 학생들의 성적은 소수점 차이로 무척 조밀하게 배열되어 있습니다. 3배수 이내에 들어와서 면접 평가의 대상이 된 학생과 선발 대상에서 떨어진 학생의 점수 차이가 0.1점 차이인 경우도 생깁니다.

물리적으로 3배수의 학생을 선발하는 과정에서 생기는 이런 안타까운 상황은 평가자의 마음을 아프게 합니다. 사실 지원한 학생 대부분이 우열을 가리기 힘들 정도로 비슷비슷한 학생이거든요. 우리가 이미 인정하고 있는 것이지만 일반적으로 학생들 대부분은 학업성적이나 기타 활동 등의 면에서 일일이 줄을 세워 평가하기 곤란할 정도로 유사합니다. 사실 동일한 교육과정에 동일한 학제를 거친 고등학교 3학년 학생들은 서로 많이 닮아 있는 것이 정상이라고 생각합니다.

그 비슷비슷한 학생들을 대학마다 마련한 평가 기준에 따라 다시 줄을 세우는 과정이 1단계 서류평가 과정이라고 생각하면 좀 안타깝지요. 아무튼 이 학생들을 대상으로 2단계 면접 평가를 진행합니다. 면접은 특별한 경우를 제외하고 보편적으로 10여 분간 진행합니다. 두 사람 혹은 세 사람의 평가자가 평가를 합니다. 이때 평가자들의 점수는 소수점으로 구성하지 않는 경우가 많지요. 평가자 중 어느 하나라도 학생의 인성이나 잠재력이나 기타 평가 항목에서 낮은 점수를 주게 되면 서류 평가의 근소한 점수 차이를 뒤집어버리는 결과를 가져옵니다.

우리 대학의 경우 이미 학생부종합전형 평가 결과에 대한 다양한 연구를 통해서 면접이 합격과 불합격을 결정짓는 매우 중요한 요소임이 입증된 바가 있습니다. 면접은 학생부종합전형 평가에서 무척 중요한 요소입니다. 합격과 불합격의 갈림길이 되기 때

《표 3》 2021학년도 수시 모집요강(숭실대학교)

평가항목	평가내용	비율(%)
전공계열적합성	• 전공에 대한 관심 및 이해도 • 진로 선택 및 전공 선택과정 • 목표의식, 학업의지	50
인성	• 서류의 진위 여부, 활동의 진실성 • 기본 소양, 면접 태도	25
잠재력	• 학업 계획의 실현 가능성, 발전 가능성	25

문입니다. 참고로 우리 대학에서 2021학년도 수시 모집요강에서 제시한 면접 평가항목은 〈표 3〉과 같습니다.

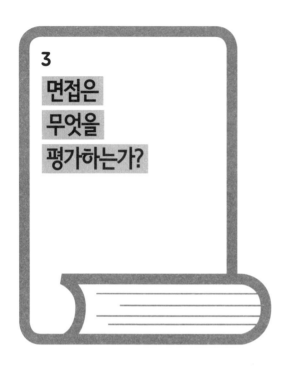

3

면접은
무엇을
평가하는가?

    면접이 평가하고자 하는 영역은 대학마다 조금씩 다릅니다. 어느 대학은 인성이나 공동체 의식을 높이 평가합니다. 또 어느 대학은 전공적합성이나 발전가능성을 평가합니다. 또 어느 대학은 의사소통 역량을 높이 평가하기도 합니다. 대학마다 각각 평가하고자 하는 영역이 다른 것을 두고 어떻게 일관성 있는 면접을 준비할 수 있느냐고 반문하실 수도 있을 것입니다.

하지만 모든 분들이 중요하게 기억하셔야 할 문제가 하나 있습니다. 면접 평가를 하는 사람들은 모두 그 대학에 소속된 교수이거나 입학사정관입니다. 이 사람들은 지원자들을 걸러내서 버리기 위해 있는 사람들이 아닙니다. 대학의 입장에서는 모든 지원자들이 전부 귀한 존재들입니다. 우리 대학을 소중하게 생각하고 자신의 꿈과 희망과 미래를 걸고 지원한 학생들이기에 한 명 한 명이 모두 소중한 사람들입니다. 물론 그렇게 생각하지 않는 대학도 있을 수 있겠지요. 하지만 일반적으로 대부분의 대학은 지원자 모두를 소중하게 생각합니다.

그리고 지원자를 평가하는 사람들은 모두 그들의 참모습을 보고 싶어 합니다. 면접에 참가한 학생들은 이미 서류평가로 3배수 또는 4배수 안에 들어온 학생들이기 때문에 잠정적인 합격생이라고 볼 수 있습니다. 충원 합격자를 고려하면 모두가 합격 대상자가 될 수 있지요. 따라서 이 지원자들 중에 혹시 서류에서 놓친 부분이 없는지를 알고 싶어 합니다. 서류로 확인할 수 없었던 지원자의 숨겨진 모습을 찾고 싶은 것이 면접 평가의 실체입니다. 그것을 각각 다른 말로 표현했을 뿐이며 강조하는 지점이 다를 뿐입니다.

인성, 공동체 의식, 잠재력, 발전가능성, 전공적합성 등은 모두 학생 평가의 좋은 지표가 됩니다. 물론 이 모두를 만족시키는 학생은 드물겠지요. 대학은 그렇게 완벽한 학생을 찾고자 하는 것도 아닙니다. 어떻게 표현하든지 결국 이러한 지표들은 학생의 긍정적인 측면을 보기 위한 것입니다. 대학은 학생의 좋은 면을 찾고 싶어 합니다. 그리고 그 좋은 면에 점수를 주어 선발하고 싶어 합니다. 좋은 학생을 우리 대학에 먼저 유치하고 싶은 것이 인지상정이기 때문입니다.

평가 항목이 약간 다르고 평가에서 강조점을 두는 지점이 약간 다를 뿐 대학이 원하는 학생은 모두 좋은 학생인 것은 분명합니다. 학생들은 자신이 어떤 점에서 좋은 학생인지를 스스로 입증하면 됩니다. 그것을 질문과 답변으로 입증한다는 점에서 서류평가와 차이점이 발생합니다. 누적 기록이 아닌 현장성이라는 점에서 서류평가와 차이가 생깁니다. 면접은 현장에서 직접 듣고 발화하는 음성언어를 통해 지원자의 긍정적인 면을 발견하고 선발하려는 평가 방법입니다. 이것을 잘 기억해두십시오.

2018년에 건국대, 경희대, 서울여대, 연세대, 중앙대, 한국외대 공동 연구에서 발표한 '학생부종합전형 공통 평가요소 및 평가 항목'을 보면 '전공적합성'을 다음과 같이 정리하여 설명하고 있습니다.

학생부종합전형 공통 평가요소 및 평가항목

평가 요소 : 전공적합성
지원 전공(계열)과 관련된 분야에 대한 관심과 이해, 노력과 준비 정도

1) 전공 관련 교과목 이수 및 성취도

정의
- 고교 교육과정에서 지원 전공(계열)에 필요한 과목을 수강하고 취득한 학업성취의 수준

평가 세부 사항
- 지원 전공(계열)과 관련된 과목을 어느 정도 이수하였는가?
- 지원 전공(계열)과 관련해 스스로 선택하여 수강한 과목은 얼마나 되는가?
- 지원 전공(계열)과 관련된 교과 성적이 우수한가?(이수단위, 수강자수, 원점수, 평균, 표준편차 참고)

2)전공에 대한 관심과 이해

정의
- 지원 전공(계열)에 대한 궁금증을 해결하기 위해 주의를 기울인 태도와 알고 있는 정도

평가 세부 사항
- 지원 전공에 대한 흥미와 관심을 가지고 있는가?
- 지원 전공에 대해 올바르게 이해하고 있는가?
- 자신의 경험과 지원 전공의 연관성을 설명할 수 있는가?

3) 전공 관련 활동과 경험

정의
- 지원 전공(계열)에 대한 관심을 충족시키기 위해 노력과 과정과 배운 점

평가 세부 사항
- 지원 전공(계열)과 관련된 교과 관련 활동(세부능력 및 특기사항, 수상 등)이 있는가?
- 지원 전공(계열)과 관련된 창의적 체험활동(자율, 동아리, 봉사, 진로)이 있는가?
- 지원 전공(계열)과 관련된 독서가 있는가, 적절한 수준인가?

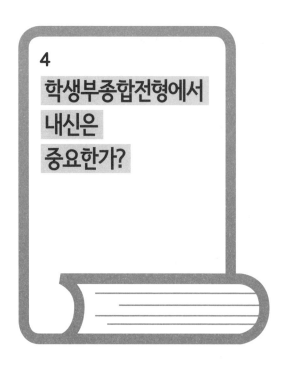

4

학생부종합전형에서 내신은 중요한가?

📚 달라진 학생부종합전형

학생부종합전형 초창기의 모습은 지금과 많이 달랐습니다. 자기소개서의 구성도 달랐습니다. 학생부종합전형이 입학사정관전형이라는 명칭으로 처음 등장했을 때 많은 사람들은 입학사정관들이 학생을 선발하는 과정에 대해 다양하게 의구심을 가졌습니다. 불신이 가득했지요. 당시에 교사였던 저 역시 불신이 많았습니다. 물론 이 불신은 지금도 다양한 형태로 다양한 사람들에게 남아 있다고 생각합니다. 특히 학생부종합전형의 평가 결과를 궁금해 하는 사람들이 많아지면서 지금은 어느 대학이나 모두 해당 전형의 평가 결과를 공개하고 있습니다.

하지만 평가 결과로서 최종 합격자의 내신 성적을 공개하는 것만으로 해법이 제시되지는 않습니다. 논술이나 교과 우수자 등의 경우와 학생부종합전형의 경우는 많이 다르기 때문입니다. 논술이나 학생부교과전형은 그저 학생들의 논술 성적이나 내신 성적, 수능 최저학력 기준 등을 수치로 단순하게 제시할 수 있습니다. 학생부종합전형은 대학마다 평가 기준이 다르고 평가 항목별 배점도 다릅니다. 그에 대한 입학사정관의 평가 기준도 당연히 달라지겠지요. 그런 특징을 무시한 채 무조건 학생부종합전형의 결과를 투명하게 공개해야 한다고 주장하는 것은 실체를 잘 모르는 말씀입니다.

정성평가로 진행하는 학생부종합전형의 특징을 고려하지 않은 채 무조건 평가 결과를 공개하라는 주장이 어떤 결과를 가져왔는지 말씀드리겠습니다. 제가 입학사정관으로 일하던 초기에만 해도 우리 대학에 학생부종합전형으로 지원하여 합격한 학생들의 내신 성적 분포는 매우 다양했습니다. 1등급인 학생도 아주 드물게 있었지만 3, 4등급의 학생들이 대부분이었고, 5~6등급의 학생들도 있었습니다. 보통 내신 등급이 5등급 아래로 내려가는 학생들이 수도권에 있는 대학에 입학하기 어려웠던 당시의 실상을 고려한다면 학생부종합전형은 내신으로 줄을 세우는 전형이 아니었습니다.

하지만 학생부종합전형의 평가 결과를 공개하기 시작하면서 양상은 많이 달라졌습니다. 정성평가의 세밀한 내용을 공개하기 어려운 상황에서 명확하게 공개할 수 있는 정보는 합격생들의 내신 성적, 주요 교과 성적, 경쟁률, 충원율 등이었습니다. 그러자 일선 학교에서는 그 성적 관련 정보만으로 해당 대학에 합격 가능한 학생들을 추천하고 입시 지도를 했습니다.

입시설명회가 한창이던 어느 해에 어느 지역에 있는 학교 진학 상담실에 가보니 한쪽 벽에 커다란 벽보가 붙어 있었습니다. 제목은 '내 성적으로 갈 수 있는 대학은?'이라는 것이었습니다. 내신 성적을 1등급부터 나열해놓고 그 옆에 각 내신 성적에 따라 지원 가능한 대학명이 늘어서 있더군요. 학생부교과 전형이 아닌 학생부종합전형 안내판이었습니다.

📚 전공 적합성을 평가하는 학생부종합전형

학생부종합전형은 학생의 다양한 특성을 서류를 통해 파악하고 우리 대학과 해당 전공에 가장 적합한 학생을 선발하는 전형입니다. 하지만 일선 학교에서 알 수 있는 정보가 정량화된 내신 성적뿐이니 결국 학생들의 입시 지도를 내신 성적 중심으로 하고 있었던 것입니다. 그러다보니 지금은 우리 대학에 합격하는 학생부종합전형 학생들의 내신 성적 평균이 상당히 많이 올라버리고 말았습니다. 학생부종합전형의 본래 취지에서 너무 멀어진 결과를 초래한 것이지요.

이러한 결과는 비단 정보 공개로 인해 일어난 것만은 아닐 것입니다. 학령인구의 급격한 감소와 수도권 집중 현상 등 여러 가지 원인도 함께 작용했을 것입니다. 하지만 어찌 되었든 내신 성적을 기준으로 학생부종합전형 입시 지도를 하는 것은 매우 위험한 발상입니다.

요즘은 좀 덜합니다만 한때는 수시 입시가 끝나고 학생부종합전형 합격자 발표를 하고 나면 학부모님들과 선생님들의 항의 전화가 오곤 했습니다. 같은 학교, 같은 반의 학생들이 동시에 같은 대학 같은 학과에 지원했는데 왜 내신 성적이 높은 학생이 불합격했느냐는 항의 전화였습니다. 그 역시 학생부종합전형의 특징을 잘 파악하지 못한 것이지요. 학생부종합전형은 단순히 내신만으로 평가하는 전형이 아니라는 점을 명심하셔야 합니다.

그렇다고 해서 학생부종합전형이 내신을 전혀 고려하지 않는 전형이라는 뜻은 아닙니다. 학생부종합전형 역시 내신 성적을 평가에 반영합니다. 우리 대학의 경우 내신 성적의 반영 비율은 서류 평가에서 약 23% 정도라고 할 수 있습니다. 하지만 합격자 발표를 하고 나서 평균을 보면 학생부종합전형으로 합격한 학생들의 내신 성적 평균은 2~3 등급 정도로 상향되어 있는 것을 알 수 있습니다. 그 결과만 보고 학생부종합전형 역시 내신으로 학생을 선발한다고 매도해서는 안 됩니다.

지원자의 평균 성적 분포가 그렇기 때문에 나타난 현상이기에 그렇습니다. 학생부종합전형은 내신만으로 학생을 선발하지 않습니다. 물론 내신 성적도 평가에 반영하기는 하지만 지원자의 학교생활 전체를 골고루 보고 평가하고자 노력하는 전형입니다. 내신 성적만 좋고 기타 아무런 활동도 하지 않은 학생보다는 내신은 그리 좋지 않아도 자신의 꿈을 위해 최선의 노력을 한 학생을 선발하기 위한 전형이라고 생각하시면 좋겠습니다.

학생부종합전형에서 내신은 중요합니다. 그것이 정량화된 수치로서 중요한 것이 아니라 그 내신 성적을 얻기 위해 학생이 어떤 노력의 과정을 거쳐 왔는지 확인하기 위한 하나의 지표로서 중요합니다. 게다가 이제 성취평가제가 도입되면 1등급이니 2등급이니 하는 표현들은 무의미한 단어가 될 것입니다. 학생이 선택한 교과에서 어느 정도의 성취를 얻었는지, 그것이 A 수준인지 B 수준인지 C 수준인지만 나타내는 성취평가제에서 수치로 정량화한 내신은 더욱 의미가 없어지고 말 것입니다. 내신 성적이 아니라 학생이 지원 전공과 관련하여 어떤 노력을 하였으며, 그 성취의 과정과 결과는 어떠한지가 더 중요한 문제가 될 것입니다.

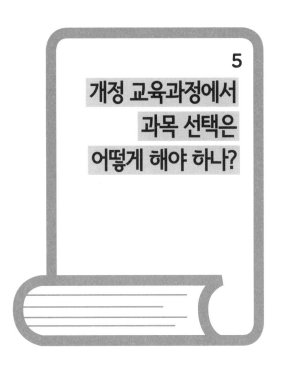

5

개정 교육과정에서 과목 선택은 어떻게 해야 하나?

2015 개정 교육과정에 따라 학습을 수행한 학생들이 졸업을 하고 있습니다. 2015 개정 교육과정의 취지와 특징을 이곳에서 장황하게 설명하고 싶지는 않습니다. 한 가지 기억하셔야 하는 것은 이 개정 교육과정에서는 학생들의 과목 선택권이 주어진다는 사실입니다.

학생이 자신이 원하는 교과를 선택하여 공부할 수 있다는 사실은 이론적으로 매우 매력적인 것이기는 합니다. 이것은 마치 우리가 식당에서 다양한 메뉴를 보고 자신의 입맛에 맞는 음식을 고를 수 있다는 것과 같습니다. 예전에는 문과와 이과로 단순하게 구분된 교육과정에서 학생들은 오직 하나의 선택권만 있었고, 고등학교에서 제공하는 교육과정에 충실하게 따르는 길 외에 다른 길이 없었습니다. 일부 선택의 과정이 있기는 했으나 그마저도 무척 제한적이었지요.

하지만 지금은 학생들이 자신의 자율적인 선택에 따라 교과를 선택할 수 있는 시절이 되었습니다. 만일 자신이 듣고 싶은 교과에 해당하는 교사가 그 학교에 없으면 다른 학교와 연계하여 해당 교과 교사의 수업을 들을 수도 있고 온라인으로 자신이 원하는 과목의 교육을 받을 수도 있습니다. 이런 구조만 보면 이 교육과정은 정말 매력적입니다. 이러한 교육과정을 원활하게 운영할 수 있는 교육환경이 마련된 상황에서는 그렇습니다.

그러나 우리 교육 현실을 면밀히 들여다보면 이 이상적인 교육과정을 온전히 실현하는 일의 어려움을 금방 이해할 수 있습니다. 특히 지방 소도시에 거주하는 학생들이나 교사 수급에 제한이 있는 사립학교 학생들은 자신이 원하는 교과의 교사를 구하기 어려운 경우들이 많습니다. 자연스럽게 연계 교육이 어려운 환경에 있는 학생들도 많겠지요. 현실적으로 온라인으로만 가능한 상황도 생길 수 있습니다. 학생들이 한자리에 모이지 않으면 교과의 특성을 살리는 교수 학습 행위가 일어나기 힘든 교과목의 경우 온라인으로만 진행되는 수업은 자칫 학생의 자유로운 선택이 오히려 불리한 학습 결과를 초래하는 일을 만들 수도 있을 것입니다.

학생부종합전형과 연관 지어 생각할 때 개정 교육과정은 학생이 주도적으로 자신의 진로에 맞는 교과를 선택할 수 있는 구조라는 점에서는 무척 바람직합니다. 하지만 이미 다수의 대학에서 수능 선택과목이나 전공학과별 선택교과를 안내해놓고 있어서 그에 대한 학생들의 부담은 여전합니다. 어느 대학 어느 학과에 지원하려면 어떤 선택과목을 들어야 하는지 개략적인 그림이 나와 있는 상황입니다.

어려운 과목을 소수의 학생들만 선택할 경우(이런 것을 소인수 과목이라고 합니다.) 내신 성적을 받기 어렵다는 문제도 있습니다. 개정 교육과정은 이상적으로 볼 때 학생들에게 교과 선택권을 준 것이라고 할 수는 있으나 입시라는 상황에서 볼 때 이 선택권이 과연 온전한 것인가에 대한 의문은 상존하고 있다고 할 수 있습니다. 결국 모든 문제는 입시라는 궁극적 결과로 회귀하게 마련입니다.

이제 우리는 현재 주어진 이 상황을 어떻게 슬기롭게 극복하여야 할 것인가의 문제를 함께 안고 있습니다. 개정 교육과정은 공통교과를 1학년에 학습하고 2학년부터는 자신의 진로 계획에 따라 일반선택과 진로선택 과목 등을 선택하여 학습하는 구조입니다. 진로선택 과목 중 어떤 것을 선택했는지에 따라 자신의 입시

경로가 정해지는 구조입니다. 이렇게 중요한 선택과목을 결정하는 시기가 1학년말입니다. 1학년 때 어떤 교과를 선택하느냐에 따라 자신의 진로, 지원 가능한 학과, 심지어는 대학까지 대부분 결정된다고 생각할 수 있습니다. 따라서 입시는 1학년부터 준비하는 것이 맞습니다.

참고로 서울특별시교육청 교육연구정보원에서 발행한 자료집을 보면 '진로에 따른 과목 선택의 예시'를 다음 〈표 4〉와 같이 제안하고 있습니다.

 진로에 따른 과목 선택의 예시

* 아래 에시에는 각 계열별로 한 학과를 가정하여 학생이 선택할 수 있는 에시를 제시한 것입니다. 구체적인 학과별 권장 선택 과목은 학과별 선태 과목 안내 부분을 참조해주시기 바랍니다.

■ 인문 계열 ○○ 학과

구분	1-1	1-2	2-1	2-2	3-1	3-2
기초	국어 수학 영어 한국사	국어 수학 영어 한국사	문학 수학 I 영어 I	언어와 매체 수학 II 영어 II	독서 영어 독해와 작문 영미 문학 읽기	화법과 작문 영어 독해와 작문 영미 문학 읽기
탐구	통합사회	통합사회	생활과 윤리 한국지리 사회·문학	정치와 법 동아시아	세계사 세계지리 윤리와 사상 사회문제탐구	세계사 세계 지리 윤리와 사상 사회문제탐구
	통합과학 과학탐구실험	통합과학 과학탐구실험		과학사		
체육 예술	체육 음악 미술	체육 음악 미술	운동과 건강 미술 감상과 비평	운동과 건강 미술 감상과 비평	운동과 건강	운동과 건강
생활 교양			한문 I	중국어 I	철학 중국어 II	철학 중국어 II

■ 사회 계열 ○○ 학과

구분	1-1	1-2	2-1	2-2	3-1	3-2
기초	국어 수학 영어 한국사	국어 수학 영어 한국사	문학 수학 I 영어 I	언어와 매체 수학 II 영어 II 확률과 통계	독서 미적분 영어 독해와 작문	독서 미적분 영어 독해와 작문
탐구	통합사회	통합사회	생활과 윤리 한국지리	사회·문학 정치와 법	경제 세계사 세계지리 사회문제탐구	경제 세계사 세계지리 사회문제탐구
	통합과학 과학탐구실험	통합과학 과학탐구실험	생활과 과학			
체육 예술	체육 음악 미술	체육 음악 미술	운동과 건강 미술 감상과 비평	운동과 건강 미술 감상과 비평	운동과 건강	운동과 건강
생활 교양			한문 I	중국어 I	창의 경영 중국어 II	창의 경영 중국어 II

■ 간호·보건 계열 ○○ 학과

구분	1-1	1-2	2-1	2-2	3-1	3-2
기초	국어 수학 영어 한국사	국어 수학 영어 한국사	문학 수학 I 영어 I	언어와 매체 수학 II 영어 II 확률과 통계	독서 미적분 영어 독해와 작문	화법과 작문 미적분 영어 독해와 작문
탐구	통합사회	통합사회	사회·문화 생활과 윤리	정치와 법	윤리와 사상	윤리와 사상
	통합과학 과학탐구실험	통합과학 과학탐구실험	화학 I	생명과학 I	화학 II 생명과학 II	화학 II 생명과학 II
체육 예술	체육 음악 미술	체육 음악 미술	운동과 건강 미술 감상과 비평	운동과 건강 미술 감상과 비평	운동과 건강	운동과 건강
생활 교양			한문 I	독일어 I	심리학 독어 II 보건	심리학 독어 II 보건

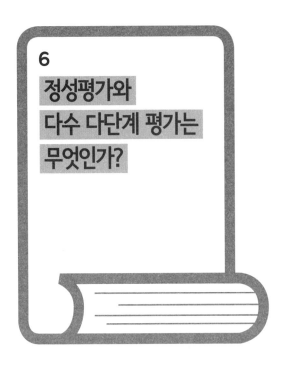

6

정성평가와
다수 다단계 평가는
무엇인가?

📚 학생부종합전형의 정량평가와 정성평가

학생부종합전형은 정량평가와 정성평가로 구성되어 있습니다. 앞서 말씀드린 것처럼 내신을 평가에 반영하긴 합니다. 내신 성적에 따라 일정한 점수를 부여하게 되어있으니 정량평가의 특성도 있는 것입니다. 하지만 그보다 더 중요한 것은 정성평가입니다.

이것은 학교생활기록부와 자기소개서를 토대로 학생의 여러 가지 특성을 판단하여 그 결과를 입학사정관이 평가하는 일련의 절차로 이루어집니다. 학생이 특정 교과 시간에 했던 수행평가 결과나 수업 중 수행한 발표 과제나 기타 토론 활동 등의 교육 활동 내용이 그 학생이 지원한 대학이나 지원 학과에서 얼마나 선호하는 내용인지 여부에 따라 각각 다른 평가를 받을 수 있습니다. 이것이 정성평가의 묘미입니다.

예를 들어 여기 내신 성적이 2등급 초반인 학생과 2등급 후반인 2명의 학생이 있다고 합시다. 정량평가로만 보면 2등급 초반인 학생이 더 우수한 학생입니다. 하지만 2등급 초반의 학생은 내신 관리만 했을 뿐 학교활동에서 특이점이 없는 학생인 반면, 2등급 후반인 학생은 전공 관련 활동을 많이 한 학생이라고 한다면 정성평가에서 누가 더 좋은 평가를 받을 수 있을까요?

내신 성적은 2등급이고 댄스동아리 활동만 꾸준히 한 학생과 내신 성적은 3등급이고 문예부 활동을 꾸준히 한 학생이 동시에 국어국문학과에 지원했다면 누가 더 좋은 평가를 받을 수 있을까요?

아니 단순히 〈표 5〉와 같은 두 경우가 있다고 했을 때 누가 더 좋은 평가를 받을 수 있을지 여러분들이 한 번 판단해보시기 바랍니다.

아마 두 학생 중 어떤 학생을 선발해야 할지 쉽게 결정하기 힘드실 것입니다. 단순히 성적만으로, 또는 수상 횟수나 종류만으로, 학생이 참여한 동아리 내용만으로 정량적인 평가를 하여 선

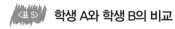 **학생 A와 학생 B의 비교**

학생	출결 상황	수상 경력	동아리 활동	주요교과 평균 성적	지원 전공
A	미인정 지각 1회	• 글쓰기 대회 우수상 • 토론대회 우수상 • 학교 홍보 UCC 공모전 금상	• 문예부 • 도서부	2.1등급	언론 홍보학과
B	병결 2회	• 방송 토론 대회 은상 • 교내 과학 교과 UCC공모전 우수상 • 영어 말하기 대회 은상	• 방송반 • 시사 토론부	2.3등급	

발하기 어려운 것이 사실입니다. 이런 부분에서 정성평가의 묘미가 발견됩니다. 그렇기 때문에 모든 평가 결과를 다 공개하기 불가능한 현실이기도 합니다.

정성평가는 항상 예측 가능한 결과와 누구도 예상하지 못한 결과가 상존하고 있다고 할 수 있습니다. 그렇다면 이런 평가 방식을 신뢰할 수 있을까요? 만일 입학사정관 혼자서 많은 학생들의 자료를 보고 임의대로 평가해버린다면 이것은 매우 신뢰할 수 없는 평가 방식이라고 할 수 있을 것입니다. 하지만 학생부종합전형의 평가는 다수 다단계 평가입니다.

입학사정관 혼자서 한 학생을 모두 평가하는 방식이 아닙니다. 다수 다단계 평가로 진행합니다. 한 학생을 두 명의 사정관이 평가합니다. 평가 전에 내부 규정에 따라 일정한 평가 기준을 두고 평가를 시작하기는 하지만 입학사정관은 각각 독립된 평가를 시행합니다. 한 학생을 평가하면서 두 사람이 의논하거나 평가 중 합의를 해가며 평가하지는 않는다는 뜻입니다.

평가 결과에 현저한 차이가 발생해서 두 사람의 평가 결과 사이에 어떤 특이점이 존재하여 어느 편의 평가 결과를 신뢰해야 할 것인지 의심스러운 상황이 발생할 수 있습니다. 그런 경우에는 제3의 평가자가 재평가를 합니다. 그리고 그 모든 평가 결과에 대해 입학사정관 전체가 참여하는 위원회에서 합리적인 의사결정을 통해 판단하는 과정을 거칩니다. 이렇게 다수의 평가자가 1차 서류 평가와 2차 면접 평가의 단계별 과정을 거치는 일련의 평가 과정을 다수 다단계 평가라고 합니다.

어느 한 사람만의 치우친 성향에 따른 평가 결과가 도출되지 않도록, 한 가지 평가 방식만으로 결정하는 오류를 줄일 수 있도록 다양한 안전장치를 마련해둔 셈입니다. 정성평가와 다수 다단계 평가의 미묘한 매력이 학생의 다양한 측면을 골고루 보고 평가하여 합격자를 선발하는 학생부종합전형의 특징이라고 할 수 있습니다.

7

블라인드 평가란 무엇인가?

📚 입시 불신의 시작, 블라인드 평가

입시에 대한 불신, 특히 학생부종합전형에 대한 불신이 가져온 특이한 평가 방식이 바로 블라인드 평가 방식입니다. 이것은 처음 면접에 도입되었습니다. 지원자의 이름, 출신 학교, 수험번호 등을 모두 가리고 면접을 진행하는 것입니다. 면접에 참여하는 학생들은 자신의 이름을 말할 수도 없고 출신 학교도 말할 수 없습니다. 출신 학교를 알 수 없게 하려고 교복을 입지 않고 면접고사장에 오도록 하고 있습니다. 자신의 출신 학교를 말할 수 없으니 자연스럽게 출신 지역도 말할 수 없습니다. 거주 지역이나 출신 학교에 따른 편견이나 선입견 등을 모두 차단하겠다는 의도입니다. 학생이 자신의 수험번호를 알릴 수 없도록 입실 전에 개별적인 '가번호'를 부여하여 블라인드 면접을 진행합니다.

블라인드 면접이 도입되기 전에는 면접 고사장의 분위기가 무척 훈훈하고 화기애애한 적도 있습니다. 면접 전에 면접관과 지원자 사이의 경직된 분위기를 해소하고 공감대를 형성하기 위한 계기를 마련하기 때문입니다. 상담에서는 이런 것을 '라포를 형성한다.'고 표현합니다. 면접관과 지원자 사이에 공감대를 형성하는 것입니다. 이것은 면접관보다는 지원자를 위해 필요한 시간입니다. 먼 지역에서 온 학생이라면 언제 왔는지, 추운 날씨에 아침식사는 했는지, 면접관의 고향에서 온 학생이라면 해당 학교의 선생님은 잘 계신지 등의 대화를 통해서 지원자의 긴장을 완화해줄 시간이 있습니다.

또는 자신의 이름이나 지역이나 학교를 활용한 간단한 자기소개를 통해서 지원자의 긴장을 완화하고 생각을 정리할 시간을 줄 수 있었습니다. 그런 내용들이 평가에 반영되지도 않습니다. 하지만 블라인드 면접이 도입된 이후 그런 화기애애한 분위기는 조성될 수 없도록 철저히 가려지고 말았습니다. 블라인드 면접 도입의 가장 안타까운 결과라고 할 수 있을 것입니다. 인간적인 우호감은 사라지고 냉혹한 평가만이 남은 입시 현장이라고 할까요?

'가번호' 몇 번의 지원자 한 명이 두 명이나 세 명의 면접관 앞에서 10여 분 동안 엄청난 긴장감을 안은 채 질문과 답변의 시간을 보내고 나면 평가 결과가 기다리고 있을 뿐입니다. 불신의 해소를 위해 도입된 블라인드 평가는 결국 우리 입시 현장을 경직된 분위기로 몰아넣고 말았습니다.

어떤 사람들은 말합니다. 정말 블라인드 면접을 하려면 지원자의 얼굴도 보아서는 안 되고 성별도 알아서는 안 되고 목소리도 변조해야 한다고 말입니다. 하지만 이런 것이 과연 우리가 지향하는 교육 현장에서 일어나는 일이어야 하는 것일까요? 그런 통제와 압박으로 얻을 수 있는 유익은 무엇일까요? 도대체 우리가 살아가는 세계는 어떤 세계가 되어가고 있는 것일까요?

이번 전형부터는 급기야 서류도 블라인드 처리를 했습니다. 이것이 평가의 공정성과 신뢰성을 확보하기 위한 최선의 방책이라는 누군가의 판단으로 인해 나타난 결과입니다. 서류 블라인드 평가가 과연 공정성과 신뢰성을 확보할 수 있는 일인지는 의문입니다. 설혹 공정성과 신뢰성을 확보한다고 해도 그로 인해 평가의 대상자가 되는 학생들은 학생부종합전형의 취지에 합당한 평가를 받을 수 있을 것인지 잠시만 생각해보면 좋겠습니다.

📚 서류평가vs 블라인드평가

예전에는 학교 이름, 학생 이름을 모두 알고 서류평가를 했습니다. 학생의 특정 교과목 내신이 좋지 않거나 특정 활동이 빈약해보일 때 평가자는 그 교육환경을 충분히 고려하여 정성적인 평가를 할 수 있었습니다. 해당 지역의 특성에 따라, 또는 출신 학교의 특성에 따라 얼마든지 나타날 수 있는 현상이라는 이해가 빠르게 적용될 수 있었습니다. 각 고등학교에서 제공하는 학교 프로파일을 살펴서 학교의 정체성이나 그 학교가 특히 강조하는 교육과정 등을 확인하며 다각도로 살피는 평가가 가능했습니다.

예를 들어 농촌에 있는 소규모 학교에서 지원한 학생의 경우 대외적인 봉사활동에 참여하기 어려운 경우가 있음을 미루어 알 수 있기 때문에 그런 특성을 고려해서 평가에 반영할 수도 있었습니다. 특목고의 경우에 내신 성적이 매우 낮더라도 재학생들의 전반적인 학력 수준을 고려한 학생 이해가 가능했습니다. 그와 반대로 내신 성적이 매우 우수하지만 학교 환경이나 지역적 특성을 고려했을 때 단순한 교과 성적 우수자로 판단하기 어려운 상황도 있음을 유추할 수 있었습니다.

그런데 지금은 서류에 학교 이름이나 지역 이름 등이 모두 가려진 채 평가를 해야만 합니다. 해당 학교에서 제공하는 프로파일도 없습니다. 그저 답답하게 가려진 서류만으로 학생을 평가하다 보면 교육적 환경에 대한 이해를 얻을 길이 없습니다. 특목고나 자사고 등에 대한 특혜 시비를 없애기 위해 도입한 서류 블라인드 평가의 결과가 자칫 해당 학교에 대한 특혜로 몰릴 우려가 매우 높아지는 위험성도 있습니다.

본질적인 부분은 아니지만 학교 이름이나 학생 이름을 가리는 블라인드 처리 방식에도 문제가 있습니다. 학교나 학생 이름에 해당하는 학교생활기록부 내용을 블라인드 처리하기 위해 'OO'으로 대체할 경우, 오히려 학교 이름이나 학생 이름을 강조하여 노출시키거나 추측하게 만들 우려가 있습니다.

예를 들어볼까요? 여러분이 평가자로서 학교생활기록부를 읽고 있는데 '영화 시OO오 제작'이라는 표기를 만나게 된다면 학생의 이름을 모를 수 있을까요? '두 논문을 비OO는 과정을 통하여 판단함'이라는 서술을 보면 학교의 이름을 모를 수 있을까요? 그리고 이미 선택과목에서 과학 중점학교가 선택하는 과목, 특목고가 선택하는 과목, 특성화고가 선택하는 과목의 특성을 다 알고 있는 상황에서 지원자가 선택한 교과목만 봐도 어떤 유형의 학교인지를 충분히 유추할 수 있는데 굳이 블라인드 처리를 하는 것이 현명한 일이라고 할 수 있을까요?

블라인드 서류 평가는 과연 온전한 공정성과 신뢰성을 담보할 수 있을까요? 완전한 블라인드 서류 평가가 우리 입시를 그만큼 더 신뢰할 수 있는 수준으로 향상시킨다고 보장할 수 있을까요? 교육적인 견지에서 생각할 때 그런 평가로 선발한 학생들이 우리 사회를 공정하고 신뢰할 만한 사회로 이끌어갈 수 있을까요? 그렇다면 지금까지 블라인드 평가를 하지 않고 선발한 학생들은 공정하지도 않고 신뢰할 수도 없는 선발 과정으로 특혜를 입은 학생들일까요? 우리 사회 전반에 만연한 불신은 그런 학생들이 가져온 결과인 것일까요?

이런 의문에 대한 우리 사회 전반의 고민과 논의들이 입시 현장에 투입되는 과정은 중요할 것입니다. 그리고 그런 과정에서 반드시 고려해야만 할 것은 우리 학생들의 교육을 위해 어느 방향으로 가는 것이 가장 바람직한 일인지에 대한 고민일 것입니다. 그저 단순한 사회문제에 대한 즉각적인 대응의 태도로 교육이나 입시문제를 다루는 지금과 같은 방식은 개혁의 대상일 것입니다. 그리고 우리는 어쨌든 블라인드 평가의 끝자락에서 면접 준비를 해야만 합니다.

공정성과 투명성이라는 거대한 주제 앞에서 면접은 점차 위축되고 있는 실정입니다. 게다가 이제 코로나 사태의 심화와 맞물려 면접을 온전히 진행하기란 더 어려운 상황이기도 합니다. 그럼에도 다수의 입시 관계자들은 면접에 대한 희망과 신뢰를 놓지 않고 있습니다. 그것은 면접만이 가진 고유한 특성 때문일 것입니다. 입시 상황에서 면접은 어떤 중요성을 가지고 있는지 한 번 확인해볼 필요가 있습니다.

Chapter 2

학생부종합전형
면접의 정체를
확인하자

1

면접에도 종류가 있다?

📚 면접도 분류 기준에 따라 다르다

면접은 분류 기준에 따라 다양한 형태가 존재합니다. 이 글에서는 대학 입시 면접을 중심으로 하기 때문에 보편적으로 가장 많이 행하는 면접인 서류 기반 면접을 중심으로 이야기해볼까 합니다. 물론 어느 대학에서는 제시문 면접을 시행하고 있기도 합니다. 학생에게 일정한 제시문을 주고 문제 해결 시간을 제한한 뒤에 면접을 하는 방식입니다. 하지만 그런 면접은 면접이 아니라 구술시험이라고 해야겠지요? 고등학교 교육과정에서 '화법과 작문'을 통해 말하고 있는 면접의 기준은 대략 서류 기반 면접에 더 적합한 것이라 생각해볼 수 있습니다.

고등학교 국어과 교육과정에서 면접과 관련한 교과는 '화법과 작문'이라고 할 수 있습니다. 물론 해당 교과 시간에 정말 '화법'과 '작문'을 배운다고 전제할 때의 이야기입니다. '화법'에 관한 내용 중 면접에 대한 '교수·학습 방법 및 유의사항'은 이러합니다.

– 면접을 지도할 때에는 내용 확인과 추론적 듣기가 제대로 이루어져야 질문자의 의도를 올바로 파악할 수 있고, 질문자의 의도는 면접의 궁극적 목적인 평가 및 선발을 고려해 해석되어야 함을 이해하도록 한다.

내용 확인과 추론적 듣기가 제대로 이루어져야 질문자의 의도를 파악할 수 있다고 되어 있습니다. 제시된 글을 빠른 시간에 읽고 이해한다는 것이 전제되지 않습니다. 또 다음과 같은 내용도 있습니다.

– 면접에서 효과적으로 답변한다는 것은 질문자의 요구에 적합한 내용을 구성하여 어법에 맞게 표현하는 것이며 언어적

표현을 보강할 수 있는 준언어·비언어적 표현을 적절하게 사용하는 것임을 이해하고 적용하도록 한다.

면접에 대한 교육과정의 학습 방법은 결국 언어 표현에 초점을 두고 있다는 것을 확인할 수 있습니다. 제시문 기반 면접을 전제로 하지 않는다는 것입니다. 따라서 학생에게 예측할 수 없는 제시문을 주고 그에 대한 질문으로 면접을 진행하는 대학의 면접 방식은 고등학교 교육과정에서 벗어난 것이거나 화법만을 겨냥한 것은 아니라고 할 수 있습니다. 제시문 면접의 경우는 그 방식을 바꾸거나 면접이 아닌 구술고사라는 표현을 사용해야 할 것입니다.

서류 기반 면접과 질의 응답식 면접

일반적으로 대학에서 주로 활용하는 서류 기반 면접은 대체로 상호작용의 형태면에서 '질의 응답식' 면접이라 할 수 있습니다. 면접관은 질문하고 지원자는 질의에 응답하는 형식입니다. 간혹 지원자 중에 아주 능숙한 학생들은 면접관에게 질문을 하는 경우도 있기는 합니다만 그것은 극히 드물기 때문에 질의 응답에서 질의하는 주체는 당연히 면접관일 수밖에 없습니다.

면접의 구조면에서는 대체로 다대일의 면접이 위주가 됩니다. 보편적으로 입학사정관 1명과 전공교수 1명이 함께 들어가서 한 명의 지원자를 대상으로 면접을 진행하는 2대 1의 구조라고 할 수 있습니다. 3명의 면접관이 진행하는 경우도 있기는 합니다. 하지만 면접 평가 시간을 고려할 때 3명의 면접관은 좀 효율성이 떨어진다고 할 수 있습니다. 대체로 서류 기반 면접의 평가 시간은 평균 10분 정도입니다. 10분은 2명의 면접관이 충분한 질의를 하고 답변을 얻기에도 빠듯한 시간입니다.

면접의 목적 측면에서는 인성 면접보다는 역량 면접의 성격이 강합니다. 특별히 인성이나 공동체 역량을 강조하는 대학이 아니라면 보편적으로 지원자의 학습역량을 검증하는 면접을 주로 진행할 것입니다. 학습과 관련한 역량을 확인하는 면접 과정에서 지원자의 인성은 충분히 유추하여 평가할 수 있습니다.

면접 질문의 내용은 보통 역량 중심의 행동 면접으로 구성됩니다. 역량 중심의 행동면접이란 지원자의 실제 경험을 바탕으로 역량을 파악하고자 하는 면접입니다. 전통적인 방식의 면접에서는 단순하게 '학생의 장점은 무엇인가요?'라고 질문할 것을 역량 중심 행동면접에서는 'OOO의 과제를 자신의 장점 덕분에 성공적으로 수행한 사례를 이야기해보세요.'라는 식의 질문이 가능합니다.

물론 입시 면접에서 모든 질문이 역량 중심의 행동면접으로 구성되어 있는 것은 아닙니다. 어떤 경우에는 전통적인 면접 질문 방식으로 단순하게 단답형의 질의응답을 진행하기도 합니다. 하지만 답변 결과에 대해 추가로 면접 질문이 이어지는 경우는 대체로 학생의 행동을 기반으로 한 역량 확인에 초점을 두고 있습니다. 여기에서 중요하게 생각해볼 부분은 서류 기반의 입시 면접에서 주로 사용하는 질문 기법입니다.

대체로 입시 면접에 사용하는 면접 기법은 '시작 질문'과 '후속 검증 질문'의 구조로 이루어집니다. '시작 질문'이란 지원자에게 던지는 첫 질문으로 평가 역량과 관련한 지원자의 경험을 파악하거나 진위 여부를 확인하기 위한 질문입니다. 이 첫 질문에 대한 답변이 구체적이지 않거나 명확하지 않아서 선명하게 평가하기 어려운 경우에, 또는 학생의 답변이 매력적이라서 잠재된 역량을 더 확인하고 싶어 추가로 던지는 질문이 '후속 검증 질문'입니다. 이것을 '추가 질문', '탐침 질문', '심층 질문', '검증 질문'이라고도 합니다.

면접에 대한 이론서를 보면 STAR 기법이니 FACT 기법 등의 다양한 면접 기법도 있습니다. 하지만 시간적 제약이 명확한 대학 입시 면접에서 복잡한 면접 기법을 온전히 사용할 수 없다는 현실적인 제약이 있습니다. 그래서 보편적으로는 '시작 질문'과 '후속 검증 질문'으로 구성된 질문 기법을 적절히 사용할 수밖에 없습니다.

이 때 면접 질문의 숫자는 일정하게 특정되어 있지 않습니다. 그저 한두 개의 면접 질문만으로 면접이 끝날 수도 있고 '후속 검증 질문'도 차마 다 하지 못하고 '시작 질문'만으로 면접이 끝날 수도 있습니다. 보편적으로 2~3개의 '시작 질문'과 그 중 한 두 번의 '후속 검증 질문'으로 면접이 구성된다고 생각하시면 됩니다. 어떻게 질문이 구성되든 그것은 면접관의 역량도 중요하지만 지원자의 답변이 중요한 역할을 합니다.

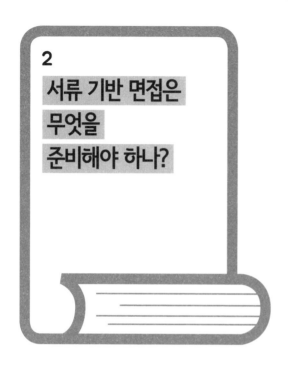

2

서류 기반 면접은 무엇을 준비해야 하나?

📚 대학입시 면접의 보편적 방식 : 서류 기반 면접

대학 입시 면접에서 가장 보편적인 방식이 서류 기반 면접입니다. 서류 기반 면접은 글자 그대로 서류를 기반으로 진행하는 면접 방식을 말합니다. 이때 면접의 기반이 되는 서류는 학교생활기록부와 자기소개서입니다. 평가자는 사전에 지원자의 학교생활기록부와 자기소개서를 읽어보고 해당 서류에서 면접 질문을 추출합니다.

따라서 면접을 준비하기 위해서는 가장 먼저 학교생활기록부와 자기소개서를 잘 준비해야 합니다. 이렇게 이야기하면 살짝 의아해하시는 분들이 있을 것입니다. 자기소개서는 자신이 직접 쓰는 글이니 잘 준비해야 한다는 말을 충분히 이해하겠으나 학교생활기록부는 교사가 작성하는 것인데 그것을 어떻게 잘 준비하라는 것이냐 하는 의문이 생기기 마련이지요.

여기에서 서류를 잘 준비해야 한다는 말에는 크게 두 가지 의미가 있습니다. 하나는 글자 그대로 해당 서류를 잘 준비해야 한다는 말입니다. 학교생활기록부와 자기소개서를 잘 준비해야 합니다. 물론 자기소개서 작성 방법에 대한 적극적인 준비가 필요합니다. 이에 대해서는 뒤에서 다시 설명하겠습니다. 학교생활기록부는 물론 교사가 작성하는 것이 맞습니다. 하지만 그 기본적인 자료를 제공하는 역할은 학생 자신에게 있습니다. 학생이 어떻게 학교생활을 수행하는가 하는 것이 학교생활기록부 기록의 근간이 된다고 할 수 있습니다. 따라서 결국 학교생활기록부를 준비하는 것도 학생의 역할이라고 할 수 있습니다.

서류를 잘 준비해야 한다는 말의 두 번째 의미는 면접과 연관된 직접적인 준비를 뜻합니다. 서류 기반 면접은 학교생활기록부와 자기소개서라는 두 종류의 서류를 기반으로 면접 질문이 마련된다는 뜻이라고 했습니다. 그러니 이 때 면접 질문을 어떻게 예측하고 준비할 것인가 하는 점이 중요한 문제입니다. 그리고 그 면접을 잘 준비하는 일이 서류 기반 면접의 준비 방법입니다.

입시의 어떤 부분이든 잘 준비할 수 있어야 합니다. 그 준비 과정의 복잡 미묘한 부분을 일일이 챙기고 대비하기 귀찮은 학생들이 손쉽게 선택하는 방법이 사교육에 의지하는 것입니다. 하지만 학생부종합전형은 궁극적으로 사교육의 영향이 가장 적은 전형입니다. 사교육에 의존하지 않아도 스스로 자신의 학교생활을 설계하고 실천하고 정리하고, 또 그런 것을 토대로 선생님께서 만들어주신 학교생활기록부를 정리하고 점검하고, 또 그것을 토대로 자기소개서를 작성하고, 또 그것을 토대로 면접 준비를 할 수 있는 전형입니다. 가장 독자적이고 독립적이고 주체적으로 입시 준비를 할 수 있는 전형이 곧 학생부종합전형입니다. 그렇게 계획한 전형 자체를 두고 자꾸만 사교육에 의존하면서 입시 준비가 어렵다고 말하면 안 됩니다. 사교육에 의존하지 않고도 학교생활 중에 어떻게 학생부종합전형 준비가 가능한지를 상세히 안내해드리겠습니다.

서류 기반 면접의 두 가지 준비
: 학교생활기록부와 자기소개서

서류 기반 면접을 위한 두 가지 준비는 먼저 학교생활기록부와 자기소개서를 어떻게 만들 것인가 하는 장기적이고 근본적인 문제와 그 서류를 기반으로 면접 준비를 어떻게 할 것인가 하는 실질적인 문제로 구분할 수 있습니다. 서류를 어떻게 만들 것인가 하는 문제는 학교생활을 어떻게 계획할 것인가 하는 커다란 문제와 연결된다고 할 수 있습니다. 면접 준비를 어떻게 할 것인가 하는 문제는 학교생활 중 말하기 훈련을 어떻게 할 것이며 서류를 토대로 면접 예상을 어떻게 할 것인가 하는 구체적인 문제와 연결됩니다.

면접이라는 사소한 전형 요소 하나를 두고 너무 커다란 이야기를 하고 있는 것이 아닌가 하는 의문을 제기하는 분들도 있을 것입니다. 하지만 어느 전형 요소가 되었든 그것은 결국 학교생활 전반에 대한 거대 담론과 밀접한 연관이 있을 수밖에 없습니다. 어떤 분들은 논술 전형이 사교육을 가장 많이 유발하며 현재 교육과정과 전혀 무관한 전형이므로 폐지해야 한다고 주장합니다. 또 어떤 분들은 실기 위주 전형들은 학교생활과 무관하며 일찌감치 사교육에 의존해야만 하는 전형이 아니냐고 주장합니다. 또 어떤 분들은 수능 전형이야말로 가장 학교생활 중심의 전형이며 객관성과 공정성을 담보한 전형이 아니냐고 주장합니다. 이런 모든 주장들은 틀렸습니다.

어떤 전형이든 그것을 준비하는 사람들의 태도가 중요합니다. 학교생활과 무관한 개인적인 활동이나 사교육 의지 활동만이 중요하다고 생각하면 모든 전형은 결국 사교육에 의존하는 전형이 되고 말 것입니다. 학교생활을 충실하게 한 학생이 합격할 수만 있다면 논술 전형도 실기 전형도 모두 사교육 없이 준비 가능한 전형이 될 것입니다. 하지만 처음부터 사교육만을 의지한다면 수능 역시 사교육 중심의 전형이 될 것입니다. 중요한 것은 입시를 준비하는 사람들의 태도입니다. 또 그에 대한 사회 전반의 신뢰와 협조의 문제이기도 합니다.

학생부종합전형의 1단계 서류평가 합격자가 발표되면 당장 면접 학원부터 등록해야 한다는 태도를 견지한다면 면접은 사교육을 유발하는 전형이 됩니다. 하지만 제가 설명하는 내용에 따라 충실하게 학교생활을 준비한다면 면접은 사교육 없이 준비할 수 있는 전형이 됩니다. 중요한 것은 입시를 준비하는 사람들의 태도입니다.

3

대학에서 말하는
인재상은
무엇인가?

대학의 인재상이란?

혼히 대학의 인재상이 중요하다는 말을 합니다. 지원하려는 대학의 인재상을 정확하게 아는 것이 입시에 도움이 된다는 말도 합니다. 하지만 제 생각은 조금 다릅니다. 인재상에 대한 개념은 기업 면접에서 도입된 것이 아닌가 하는 생각이 듭니다. 기업에서는 원하는 인재상이 명확합니다. 해당 기업이 지향하는 사업

목표에 따라서 인재상은 달라질 것입니다. 물건을 잘 판매하는 인재를 구하는지, 물건을 잘 구상하여 만들어내는 창의적 인재를 구하는지에 따라 기업이 선발하려는 사원의 그림은 다르겠지요.

대학의 인재상은 어떨까요? 물론 각 대학마다 원하는 인재상은 다 다릅니다. 하지만 기업이 원하는 인재상과 대학이 원하는 인재상은 그 접근 관점이 다릅니다. 기업은 자신의 기업이 창출해야 하는 이윤을 중심으로 생각하고 사람에게 접근합니다. 우리 기업을 건강하게 성장시킬 수 있는 인재를 구하려고 하겠지요. 하지만 대학은 이윤을 목적으로 하지 않습니다.

만일 대학이 이윤을 목적으로 학생들을 대한다면 그 대학은 학문의 전당으로서의 존재 가치를 상실한 취업 준비 기관이 될 뿐입니다. 대학은 명백한 교육기관입니다. 따라서 대학이 원하는 인재상은 이윤 추구를 위한 인재가 아닙니다. 대학마다 표현 방식만 다를 뿐 결국 모든 대학이 원하는 인재상은 동일합니다. 그 대학, 그 학과에 진학해서 열심히 공부할 만한 사람이 그 대학이 원하는 인재라고 할 수 있을 것입니다.

그것은 초·중·고등학교에서 학교마다 제시하는 교훈이나 학급마다 걸어둔 급훈이 다 다르더라도 궁극적으로 지향하는 인재상은 동일한 방향을 지향하는 것과 마찬가지입니다. 어느 고등학교는 창의적 인재를 기르겠다고 하고, 어느 고등학교에서는 미래사회를 주도하는 인재를 기르겠다고 합니다. 두 고등학교의 인재상은 서로 다른 것 같지만 결국 미래사회가 요구하는 창의융합형 인재를 기르기를 희망하는 우리나라 교육 목표를 추구하는 각기 다른 표현일 뿐입니다. 그것은 결국 모든 학교와 학급이 원하는 인재상 역시 그와 대동소이하다는 의미입니다.

📚 성실과 창의적 인재상

대학 역시 마찬가지입니다. 각 대학마다 요구하는 인재상은 그 표현이 모두 다 다르지만 간단히 줄여서 말하자면, 대학에 입학해서 열심히 공부하고 그것으로 학교와 사회와 나라를 위해 유익하게 사용하는 학생을 선발하고자 할 것입니다. 어느 대학도 돈을 많이 버는 학생을 키우겠다고 주장하지 않습니다. 남을 속이고 다른 사람을 짓밟아서라도 돈만 많이 버는 인재를 기르겠다고 주장하지 않습니다.

이런 설명을 하는 이유는 하나입니다. 입시 시즌이 다가오면 입학처에 민원 전화를 걸어서 그 대학의 인재상이 무엇인지 묻는 학생들이나 선생님들이 종종 있습니다. 그 대학의 인재상에 맞게 자기소개서를 써야 할 것 같다는 취지에서 그렇습니다. 하지만 그 학생이 1학년 때부터 오직 어떤 특정 대학의 인재상만을 염두에 두고 그에 맞도록 학교생활을 한 것이 아닌 다음에야 그렇게 꼭 맞는 결과를 만들어내기는 어려울 것입니다.

대학에서 원하는 학생은 최선을 다해서 공부하는 학생이라는 단순한 구조로 생각하면 좋겠습니다. 인재상이라는 거창한 표현에 짓눌려 입시 준비에 엄청난 부담을 느낄 필요는 없다는 뜻입니다. 우리는 모두 비슷한 생각과 가치관을 공유한 사회 구성원입니다. 게으른 사람보다는 근면 성실한 사람을, 혼자 고립된 삶을 살아가는 사람보다는 다른 사람과 건강한 관계를 맺으며 사회생활을 영위하는 사람을, 위험한 생각과 발상에 함몰된 사람보다는 건전하고 희망찬 아이디어를 창의적으로 생각하는 사람을 선호합니다.

대학 역시 평범한 교육기관입니다. 서류평가와 면접평가에서 선발하고자 하는 학생은 그런 학생이겠지요. 지원한 학생들 중에서 누가 더 해당 학과에 어울리는 학생인지, 어느 학생이 입학해서 더 열심히 공부할 학생인지를 선발하고자 한다고 생각하면 됩니다. 그것을 기준으로 서류를 검토하고 면접을 본다고 생각하면 입시 준비가 수월해질 것입니다. 인재상에 대해 너무 어렵게 생각하지도 마시고 인재상에 굳이 자신을 끼워 맞추려고 노력할 필요도 없습니다.

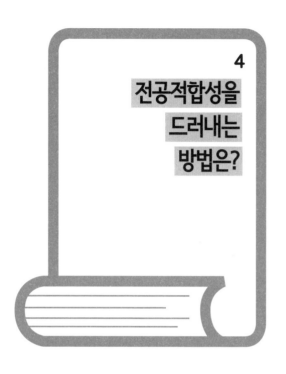

4

전공적합성을
드러내는
방법은?

📚 가장 중요한 항목 : 전공적합성

서류 기반 면접에서 가장 중요한 부분을 차지하는 항목이 '전공적합성'입니다. 요즘은 '전공계열적합성'이라는 용어를 사용하여 좀 폭넓은 적용을 하려고 합니다. 어떤 대학에서는 전공적합성이라는 표현 자체를 쓰지 않기도 합니다. 실제로 고등학생이 대학 전공과 적합한 활동을 하는 일은 쉽지 않기 때문입니다. 하지만 정확하게 해당 전공과 적합한 활동이 아니라도 그 전공과 연관된 계열과 관련한 활동, 그 전공에서 필요로 하는 역량을 개발하는 활동을 꾸준히 한 학생을 더 좋게 평가하려는 것이 평가자들의 공통된 생각일 것입니다. 이 학생이 우리 대학 해당 학과에 입학해서 열심히 공부할 만한 학생인가 하는 단순한 기준으로 서류를 보고 면접을 진행하겠지요. 그것을 단순하게 전공적합성, 또는 전공계열적합성이라고 설명해봅시다.

학생들은 자신의 고등학교 활동이 얼마나 지원 전공과 적합한지, 또는 지원 전공이 속한 계열과 적합한지를 입증해야 합니다. 이 말을 다시 풀어보자면 학생들은 1학년 때부터 자신의 전공을 명확하게 선택하고 그 전공에 맞는 학교활동을 수행해야 한다는 뜻이기도 합니다. 평가자들은 지원자들이 3년 동안의 학교활동을 통해서 어떻게 자신의 진로를 찾고, 그 진로를 위해 준비하고, 그것을 위해 어떤 학업적인 노력을 기울였는지를 확인하고자 합니다. 학교생활기록부의 모든 항목을 읽으면서 지원자의 전공적합성을 분별하기 위해 노력할 것입니다.

1학년 때부터 책을 많이 읽고, 글을 많이 쓰고, 관련 대회 수상 경력이 있고, 봉사활동을 해도 읽고 쓰는 일과 관련된 활동을 많이 해온 학생과, 책도 잘 읽지 않고 글도 많이 써보지 않았는데 단순히 내신 성적만 높은 학생 중에 어떤 학생을 국어국문학과에 적합한 학생으로 선발할 것인지는 깊이 생각하지 않아도 알 수 있는 일입니다.

📚 전공 진로에 대한 고민과 노력

따라서 학생부종합전형으로 대입을 준비하는 학생이라면 1학년 과정부터 자신의 진로를 위한 치열한 고민과 노력이 지속되어 왔음을 보여주는 것이 좋습니다. 아무런 주관도 없이 맹목적으로 학교생활을 하는 학생이 아니라 주체적으로 자신의 진로를 고민하고 선택하고 노력한 학생이 좋은 평가를 받기 마련입니다. 그렇게 되기 위해서는 당연히 선생님들의 역할이 매우 중요합니다.

모든 학생들이 학교생활 중에 수행한 노력의 과정을 학교생활기록부에 개별적으로 꼼꼼하고 세밀하게 잘 반영해주어야 하기 때문입니다. 학부모들은 학교의 교육과정이나 기타 교과 활동이나 비교과 활동들이 학생으로 하여금 자신의 진로를 찾기 위해 계획적으로 준비되고 수행되는지를 꼼꼼하게 관찰할 필요가 있습니다. 무조건 비싼 학원만을 골라서 강제로 자신의 자녀들을 사교육의 노예로 만드는 일은 교육도 아니고 부모의 역할도 아닙니다. 학부모의 노력과 준비 과정에 대해서는 뒤에서 다시 상술하도록 하겠습니다.

전공적합성은 어느 날 갑자기 드러나는 것이 아닙니다. 내신 성적만으로 입증할 수 있는 부분도 아닙니다. 학생 혼자서 학교에

71

열심히 다닌다고 해서 명확해지는 것도 아닙니다. 전공적합성 하나를 명확하게 기르기 위해 노력하는 것만으로도 자신이 속한 학교의 교육 전반의 풍토를 발전적으로 향상시킬 수 있다는 것을 기억하시면 좋겠습니다. 과연 그렇게 될 수 있을까 의심하면 안 됩니다. 내가 하는 활동 하나가 결국 나와 친구들과 학교와 후배들까지 변화시킬 수 있을 것이라는 믿음을 가지는 것이 중요합니다. 일순간에 반짝 나타났다가 사라지는 사건이나 한두 가지 항목에만 나타난 것만이 아니라 학교생활기록부 전반의 기록을 통해서 고르게 드러난 학생의 특성을 확인하고, 그 특성을 자기소개서를 통해서 검증하고, 최종적으로 면접으로 확정하기 위한 대학의 노력이 학생부종합전형에 반영되어 있다고 생각하시기 바랍니다.

그렇다면 학생의 전공적합성은 어디에서 드러날까요? 정답은 너무 간단합니다. 학교생활기록부 전체에서 드러납니다. 예를 들어보겠습니다.

출결상황에서 병결이 지속되는 학생이나 미인정 결석이나 지각이나 조퇴 등이 많은 학생이 있다고 합시다. 그런 학생이 경영학부에 지원해서 성실한 기업인이 되겠다고 한다면 누가 믿을 수 있을까요? 그런 학생이 사범대학에 진학해서 좋은 선생님이 되겠다고 한다면 누가 믿을 수 있을까요?

수상경력에 토론대회 수상 하나도 없는 학생이 정치외교학과나 법학과 등에 지원한다고 하면 좋은 평가를 받을 수 있을까요?

독서활동은 어떨까요? 봉사활동은? 전공계열적합성이라는 것은 이렇게 보편적이고 상식적인 범위에서 유추 가능한 부분입니다. 다만 우리가 준비해야 할 것은 학생부의 각 항목이나 자기소개서 등의 자료에서 자신의 전공적합성을 어떻게 구체적으로 드러낼 것인가 하는 점이겠지요.

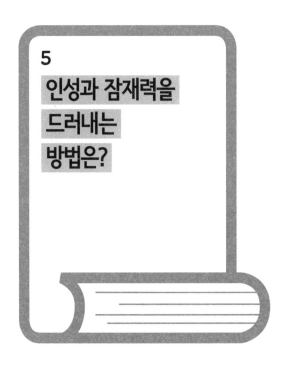

5

인성과 잠재력을 드러내는 방법은?

전공적합성, 발전가능성 등의 평가 항목들을 보면 일반인들도 대충 느낌이 옵니다. '전공에 적합한 활동을 했는지 확인하고자 하는구나.' '지금 성적은 그리 좋지 않아도 관련 활동을 토대로 앞으로 더 발전할 수 있는 학생인지 확인하려고 하는구나.' 그런 정도의 예측을 할 수 있습니다. 그렇다면 인성은 어떤가요?

"저는 얼굴은 반반하게 생겼지만 인성은 아주 개차반입니다."

이렇게 자신을 비하하는 학생은 아무도 없습니다. 자신의 인성이 어떠한가를 스스로 말하는 일처럼 낯부끄러운 것도 없습니다. 한 번 읽어봅시다.

"저는 우리 학교에서 가장 겸손한 학생입니다."

"저는 너무 성취욕이 강해서 교만하다는 오해를 받기도 합니다."

"저는 말투가 좀 예의 없지만 내면은 무척 부드러운 사람이에요."

"지역적 특성 때문인지 자상한 표현은 잘 하지 못해도 사실 제 내면은 겸손하고 따뜻함이 넘친답니다."

이런 식으로 자신을 표현하는 일이 가능한 사람은 별로 없습니다. 연기를 한다면 혹시 모르겠군요. 이런 예를 드는 이유는 단순합니다. 우리가 면접을 통해서 한 사람의 인성을 직관적으로 듣기란 쉽지 않다는 뜻입니다. 자신의 성품을 자신의 언어로 설명한다는 것도 쉬운 일이 아니지요. 그런데도 면접 평가 항목에는 인성 평가 항목이 있습니다.

다짜고짜 인성과 관련한 질문을 하는 방법도 있을 것입니다. 하지만 면접관들이라면 누구도 그런 단도직입적인 자기 설명을 요구하려고 하지 않을 것입니다. 그런 질문 자체도 부적절하지만 그런 질문에 대한 답변이 어느 정도나 진실성이 있을지 알 수 있는 방법은 없으니까요.

그래서 보통 인성에 대한 평가는 간접적인 방식으로 진행하게 됩니다. 학생의 답변 태도나 자세, 상황 설명 능력, 표현의 진정성 등으로 유추하게 된다는 것이지요. 물론 그런 방식이 학생의 실제 인성을 분명히 파악하지 못할 위험이 크다는 것도 인정합니다. 그러나 인성 파악의 전문가들이 아닌 서류평가와 면접평가만을 훈련받은 입학사정관으로서 할 수 있는 최선의 노력만은 하고 있다는 것을 알아주셨으면 합니다.

이것은 잠재력 평가에도 비슷하게 적용될 수 있습니다. 잠재력이라고 하는 것이 어떤 수치로 계량화할 수 있는 체력 같은 것이 아니기 때문에 평가가 쉽지 않다는 사실을 우리는 모두 인정하고 있습니다. 서류 기반 면접의 질의 응답 과정을 진행하면서 자연스럽게 해당 학생의 인성과 잠재력을 유추할 수밖에 없는 것이 현실입니다. 그것을 재확인하기 위해서 끝없이 후속 질문을 하게 되겠지요. 물론 그렇게 평가한다고 해서 평가 결과를 완벽하게 신뢰할 수 있느냐고 묻는다면 확답을 할 수는 없습니다.

어느 누가 10분 안에 상대방의 인성과 잠재력을 완벽하게 평가할 수 있을까요? 신내림을 받은 무속인들도 실수를 하는 세상에서 이런 일은 무척이나 어려운 일입니다. 그저 우리는 모두 최선을 다할 뿐입니다. 여러분도 한번 유추해보시면 좋겠습니다.

서류에 기록된 어떤 점이 궁금해서 질문을 했는데 학생이 답변을 불친절하게 하거나 단답형의 대답만을 하고 멈춘다면 여러분은 그 학생의 인성에 어떤 점수를 주고 싶으신가요? 시작 질문에 대한 답이 너무 불명확해서 추가 질문을 했는데 여전히 수박

겉핥기식의 답변만을 반복한다면 그 학생의 잠재력에 대해 어떤 평가를 하게 될까요?

말을 더듬기는 하지만 주어진 질문에 답을 하려고 땀을 흘려가며 최선의 노력을 다하는 학생의 인성이나 잠재력 평가 점수는 어떻게 주게 될까요? 아주 매끄럽게 말은 잘하는데 시종일관 불안한 눈빛으로 여기 저기 시선이 분산되는 학생을 만나면 여러분은 어떤 느낌이 드나요? 우리는 모두 비슷한 세상에서 비슷한 생각과 태도로 사람을 상대하는 사람들입니다. 그러니 여러분도 충분히 유추하고 평가하고 해석할 수 있습니다.

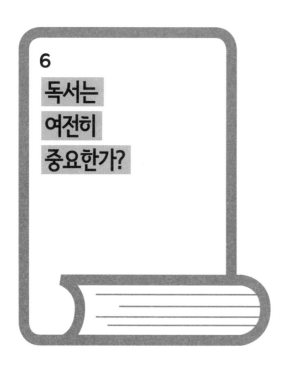

6

독서는
여전히
중요한가?

　교육부의 방침에 따라 학교생활기록부에서 독서활동 기록은 사라질 예정입니다. 학생이 스스로 작성한 독서 기록을 그대로 학교생활기록부에 올리는 지금의 방식은 학생의 실제적인 독서 현황을 객관적으로 파악할 수 없다는 한계가 있기 때문에 교육부의 그런 방침에 수긍이 가는 면도 있습니다. 하지만 객관성과 신뢰성의 확보를 위해서 학교생활기록부에서 독서활동을 삭제하는 것이 학생 평가에 적절한 방법인가 하는 면을 고려하지는 않은 것 같습니다.

또한 이것이 과연 우리 교육이 장차 지향해야 할 방향인가에 대한 고민이 필요한 부분이기도 합니다. 학생이 고등학교 과정 동안 어떤 책을 읽었는지를 살펴보는 일은 그 학생의 전공적합성이나 발전가능성 등을 평가하는 데 매우 중요한 단서가 되기 때문입니다. 이제 학교생활기록부에서 독서활동이 사라지면 그렇지 않아도 책을 읽기 싫어하는 학생들이 얼마나 능동적으로 독서를 할 수 있을지 의심스럽고 염려스럽다는 의견들이 많습니다.

서류평가는 물론 면접평가에서도 독서활동은 무척 유용한 평가 자료가 되곤 했습니다. 이제 명시적인 독서활동이 사라지면 학생들은 독서를 하지 않아도 되는 것일까요? 서류평가나 면접평가에서 독서와 관련한 평가는 불가능해지는 것일까요?

저는 그렇게 생각하지 않습니다. 독서상황, 수상실적, 봉사활동 등을 학교생활기록부에서 삭제하거나 제한하려는 교육부의 방침을 글자 그대로 따라가 보면 그 화살표가 가리키는 지점은 분명합니다. 그것은 바로 교과 수업입니다. 모든 학교는 이제 비교과 프로그램에 과도하게 집중하지 말고 오직 교과 수업에 집중하라는 의미입니다. 개별 교과에서 어떻게 수업을 설계할 것이며 그렇게 설계한 수업을 어떻게 다채롭게 진행할 것이고 그 수업의 구체적인 과정과 결과를 얼마나 충실하게 개별적으로 누적하여 기록할 것인가 하는 점이 점점 중요해진다는 뜻입니다. 그러니 담임 교사뿐만 아니라 개별 교과 선생님들의 수업 한 시간 한 시간이 모두 소중한 시간이 되겠지요.

이것은 어떻게 보면 학교 수업 본연의 업무와 기능에 집중하라는 의미가 되기도 합니다. 모든 교과 수업이 본래 교육과정에서 제시한 교육목표를 온전히 수행하기 위해 최선의 노력을 다한다면 학생의 교과 수업에 대한 기록들이 풍성하고 다양하게 전개될 것이고 대학은 그 내용을 믿고 그것을 토대로 학생을 선발하면 되는 것입니다.

다만 그 과정에서 여전히 독서는 중요한 요인이 될 것이라 생각합니다. 수능 문제풀이를 위한 수업이 아니라 교과 본래의 목표를 성취하기 위한 정상적인 수업을 운영하기 위해 최선을 다하려면 관련 독서활동은 필수적으로 수반되는 교육활동이기 때문입니다. 모든 교과에서 독서가 중요하지 않을 수 없는 것이 공부의 본질입니다. 따라서 교과 수업의 본질에 충실한 수업이라면 관련 독서 역시 체계적으로 수반되어야 할 것입니다. 그리고 그 과정과 결과가 교과 세부능력 및 특기사항에 개별적으로 적절하게 기록되어야만 합니다. 만일 그렇게 된다면 면접에서 독서활동은 여전히 중요한 요소가 될 것입니다.

그에 덧붙여 독서는 책의 내용을 요약하고 정리하여 이해하고 있는지를 확인하는 구술고사적인 측면이 아니라 개인의 교양과 전공적합성 등 종합적인 역량을 향상 발전시키는 유용한 교육활동이기에 궁극적으로 면접에 큰 도움이 됩니다. 책을 많이 읽은 학생들은 면접 질문에서 답변을 잘하기 마련입니다. 책에 대한 내용이든 아니든 책은 그 자체로서 학생들의 교양 수준을 향상하기 때문입니다. 책을 많이 읽고 생각을 깊이 하고 글을 자주 써 본 학생들은 자연스럽게 면접에서 좋은 평가를 받을 수 있습니다.

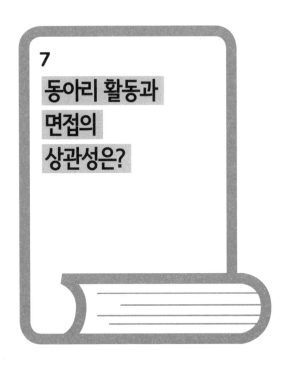

7

동아리 활동과 면접의 상관성은?

동아리 활동 역시 비슷한 관점에서 생각하면 됩니다. 동아리 활동을 많이 하는 것이 좋은지 여부를 묻는 것은 의미가 없습니다. 전공이나 진로와 반드시 연관성이 있는 동아리 활동을 해야 하는지 묻는 것 역시 마찬가지입니다. 동아리 활동에서 중요한 것은 동아리의 성격, 동아리의 활동 내용, 지원자가 동아리 내에서 수행한 역할 등입니다.

어떤 동아리에서 어떤 활동을 했는가 하는 점이 중요합니다. 국어국문학과에 가기 위해 반드시 도서부나 문예부 관련 동아리만 해야 하는 것이 아닙니다. 토론 동아리나 댄스 동아리를 해도 괜찮습니다. 문제는 그런 동아리에서 학생이 어떤 활동을 했으며 그 활동이 학생에게 어떤 교육적 성과를 가져왔는지, 또는 긍정적 변화를 가져왔는지 하는 점입니다.

동아리 활동을 통해 자신의 어떤 역량이 발전하고 성장했는지를 보여주는 것이 중요하다는 뜻입니다. 학교 활동을 통해서 우리는 모두 무엇인가를 배웁니다. 그 배움의 내용이 어떠하든지 그것을 자신의 미래와 연관 지어 잘 관리하고 자기계발에 활용하는 것이 더 중요합니다.

3년 동안 열심히 농구부 활동만 한 것이 자신이 지원하려는 경영학부와 맞지 않는다고 고민하는 학생을 만난 적이 있습니다. 한번 생각해보십시오. 농구부 활동이 정말 경영학부와 맞지 않는 활동일까요? 처음에는 드리블도 잘 하지 못하던 학생이 농구부 활동을 통해서 각종 기능을 익숙하게 배우게 되었습니다. 그리고 향상된 실력을 인정받아 농구부 주장이 되었습니다. 농구부 친구들을 모아 시합을 하고 대회에 출전해서 좋은 성적을 얻게 되었습니다.

그렇다면 그 활동은 경영학부를 지원하는 학생에게 분명히 의미 있는 활동입니다. 농구를 통해서 자신의 어떤 면이 성장하고 발전했는지를 찾는 것이 중요합니다. 꾸준한 노력을 통해 자신의 부족한 점을 개발하여 향상시킨 경험이 있는 학생, 친구들을 모아 시합을 주도하고 좋은 성과를 얻은 리더십이 있는 학생이라면 경영인으로서의 자질에 대해 이미 몸으로 배운 학생이라고 생각해도 좋을 것입니다.

동일하게 농구부 동아리만 3년 동안 꾸준히 한 학생이 국어교육과를 지원한다면 어울리지 않는 것일까요? 그렇지 않습니다. 처음에는 농구를 못하던 학생이 나중에는 후배들을 가르칠 정도로 실력이 좋아졌다면 그 학생은 이미 배우고 익힌 것을 남에게 가르치는 역량을 충분히 학습한 학생입니다. 자신이 배운 것을 토대로 누군가를 가르치는 일을 이미 훈련받고 다른 친구들을 가르치는 일을 즐기는 학생이라면 가르침의 내면화를 체험한 훌륭한 학생이라 할 수 있습니다.

그러니 동아리 활동과 면접의 상관성 역시 이런 측면에서 생각해보아야 할 것입니다. 그 동아리 활동이 자신의 어떤 면을 개발하게 했는지, 자신의 어떤 부분이 더 향상되고 발전하게 되었는지를 명확하게 인지하고 있다면 어떤 면접 질문에도 당황하지 않고 좋은 답변을 하게 될 것입니다.

8

교과 세특을 어떻게 만들 것인가?

학교생활기록부를 만든다는 의미를 두 가지로 생각할 수 있다고 했습니다. 하나는 학교활동 자체를 성실하게 수행해서 학교생활기록부의 내용을 착실하게 관리한다는 뜻입니다. 또 하나는 학교생활기록부의 내용을 잘 활용해서 자기소개서나 면접 자료로 응용할 수 있게 만든다는 뜻입니다.

현재 교육부에서 발표한 자료에 따르면, 장기적으로 자기소개서는 폐지될 전망입니다. 대학으로서는 가뜩이나 블라인드 평가의 도입으로 평가의 효율성과 신뢰성이 떨어지는 중에 자기소개서마저 폐지되면 어려움이 많이 생깁니다. 교육부에서는 학교생활기록부 기록 역시 축소와 제한의 방향을 제시하였습니다. 학교생활기록부의 글자 수도 줄어들고 대학에 제공하는 정보도 줄어들 전망입니다. 이런 상황에서 점차 교과 세부능력 및 특기사항의 중요성이 대두되고 있습니다.

흔히 '교과 세특'이라고 이야기하는 이 항목은 담임교사 혼자서 서술하는 부분이 아닙니다. 모든 교과 교사들이 기록할 수 있는 대단히 중요한 항목입니다. 각 교과 선생님들이 학생들의 개별적인 특성을 파악해서 정밀하게 서술할 수 있는 유일한 항목이 이 부분입니다. 그래서 자소서의 폐지와 학생부의 축소에 따라 더욱 중요하게 주목받는 항목이기도 합니다. 당연히 서류평가와 면접평가에서 입학사정관들이 중요하게 집중하는 항목이기도 합니다.

이 교과 세특을 어떻게 만들어야 할까요? 이것은 각 교과의 수업을 어떻게 준비해야 할 것인가 하는 문제와 연결됩니다. 또 이미 기록된 교과 세특을 어떻게 읽어낼 것인가 하는 문제로 정리할 수 있습니다. 각 교과 수업에서 학생이 얼마나 성실하게 수업에 참여하느냐에 따라 교과 세특 기록 내용이 달라질 것입니다. 성실하게 수업에 참여하지 않았는데 교과 세특에 좋은 내용을 기록해줄 선생님은 많지 않을 것이기 때문이지요. 그리고 교과 세특에 선생님께서 기록해놓은 내용을 어떻게 읽고 자기소개서에 응용하며 그것으로 면접 준비를 하느냐에 따라 면접 평가에서 좋은 결과를 얻을 수 있을 것입니다.

교과 세특을 만드는 방법은 결국 자신의 학교생활을 계획하고 실행하는 구체적인 방법이며, 각 교과 수업에 능동적이고 적극적인 태도로 참여하는 방법이기도 합니다. 각 교과 선생님들에게 개별적으로 자신의 기록을 잘 써달라고 부탁할 수는 없는 법이니 스스로 교과 수업을 잘 만들어가는 것이 중요합니다.

그렇다면 교과 세특을 어떻게 잘 만들 수 있을까요? 학년별 준비 과정에서 상술하겠지만 1학년 때부터 치밀하게 입시 전략을 잘 세우는 것이 중요합니다. 어떤 전공을 선택할 것인지 고민하고 결정해야 합니다. 해당 전공에서 필요로 하는 선택교과는 무엇인지 분석해야 합니다. 각 교과 수업에 최선을 다해 참여해야 합니다. 해당 교과 활동의 기록이 정확하게 기술되었는지 꼼꼼하게 확인해야 합니다. 누적된 기록에 대해 개별적인 정리를 해야 합니다.

합격생의 경험담 중에는 교과 세특을 잘 만들기 위한 어떤 학생의 노력이 나타나 있습니다. 그 학생은 지원 전공의 계열적합성을 드러내기 위해 특정 과목의 성적을 향상해야 할 필요가 있었습니다. 하지만 아무리 노력해도 그 교과의 시험에서 좋은 성적을 얻을 수 없었습니다. 이 학생은 자신의 부족한 성적을 극복하기 위해 거의 매시간 해당 교과 선생님에게 질문을 했다고 합니다. 질문할 것이 없으면 책을 뒤져서 문제를 찾아내어 질문을 했습니다.

선생님이 교무실에 가신 후에라도 쫓아가서 질문을 했습니다. 교과 선생님은 그 학생의 과목에 대한 애정과 노력, 끈질긴 탐구 자세를 높이 샀습니다. 그래서 그 학생이 비록 내신 성적은 좋지 않지만 교과에 대해 얼마나 많은 애정을 가지고 있는지를 교과 세특에 구체적으로 적어주셨습니다. 교과 세특을 어떻게 만들 것 인가 하는 문제는 결국 학생 여러분이 스스로 고민하고 찾아내 야 할 소중한 부분입니다.

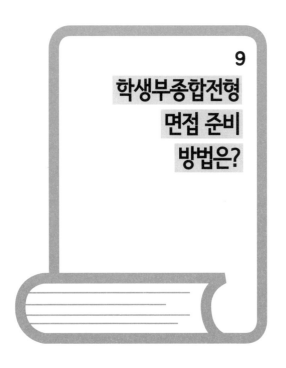

9

학생부종합전형
면접 준비
방법은?

지금까지 안내한 내용을 정리하면 다음과 같습니다.

① 학생부종합전형은 단순히 내신 성적만으로 평가하는 전형
이 아닙니다.
② 학생부종합전형은 고등학교 전 과정의 모든 활동을 종합적
으로 평가하는 전형입니다.

③ 학생부종합전형은 학교생활기록부와 자기소개서만으로(대학에 따라서는 학생부만으로) 1단계 서류평가를 진행합니다.

④ 학생부종합전형 1단계 합격자를 대상으로 2단계 면접 평가를 시행합니다.

⑤ 면접 평가의 반영비율은 크지 않지만 합격 여부에 미치는 영향은 매우 큽니다.

⑥ 학생부종합전형을 준비하기 위해 굳이 사교육에 의존할 필요는 없습니다.

⑦ 학생부종합전형에서 좋은 평가를 받는 학생들은 대부분 학교생활을 체계적이고 계획적으로 충실하게 수행한 학생들인 경우가 많습니다.

⑧ 서류와 면접에서 블라인드 처리를 하므로 학생 본인 이외의 외부 요인들이 평가 결과에 영향을 미치는 경우는 거의 없습니다.

⑨ 학생부종합전형에서 평가의 대상이 되는 서류는 학생부이므로 입시 준비는 학생부가 기록되는 1학년 때부터 시작해야만 합니다.

⑩ 학생부종합전형의 서류 기반 면접은 학교생활기록부와 자기소개서를 바탕으로(대학에 따라서는 학생부만으로) 진행됩니다.

⑪ 학생부종합전형 면접 준비는 학교생활기록부를 준비하는 것

과 동일하게 시작해야 한다고 보아야 합니다.

⑫ 면접을 준비하기 위해 학교생활 전반을 잘 준비하고 계획하다보면 성적 향상, 적극적 학교생활, 양질의 학교생활기록부 확보 등의 성과를 얻을 수 있습니다.

마지막 부분에 대한 설명이 필요하겠군요. 학생부종합전형 면접 준비는 학교생활 전체를 기획하고 준비하고 시행하는 일련의 과정과 밀접하게 연관되어 있습니다. 학교생활의 누적 기록의 집합체가 학교생활기록부이며, 학교생활기록부 중에서 자신의 역량을 뚜렷하게 드러나게 해주는 기록이 자기소개서입니다. 그리고 학생부종합전형 서류 기반 면접, 이 두 서류를 기반으로 하므로 그 준비 과정이 곧 학교생활 전반의 질적 향상을 가져올 수 있게 됩니다.

어떻게 보면 면접은 입시에서 극히 일부분에 속하는 보잘 것 없는 요소처럼 보이지만, 궁극적으로 학생의 학교생활 전체를 획기적으로 변화시키는 놀라운 요소가 되기도 합니다. 저는 사실 개별 학교에서 학생부종합전형의 면접이라는 부분에 초점을 맞춰 학교 운영을 해도 조금도 부족하지 않은 교육적 성과가 나오리라고 생각합니다. 이제부터 학교생활 준비의 전반적인 측면과 자기소개서 및 면접 준비의 단계적 점검 사항을 제시하며 그 사실성 여부를 입증해보도록 하겠습니다.

🏛️

학교생활기록부는 학생부종합전형에 있어서 일종의 경진처럼 중요한 자료입니다. 학교생활기록부의 내용이 어떠한가에 따라 학생부종합전형의 합격 여부에 엄청난 영향을 주기 때문입니다. 그 중요성에도 불구하고 많은 학생들이 자신의 학교생활기록부를 고등학교 3학년에 와서야 수시모집 전형 준비를 하면서 처음 보거나 관심을 가지게 된다는 사실은 매우 안타까운 일입니다.

학교생활기록부는 학생의 학교 생활태도 및 학습 성장 변화를 담아내는 학생 종합 성장 보고서입니다. 학교생활기록부는 교사가 학생의 성장과 학습 과정을 상시 관찰·평가한 누가기록 중심의 종합기록입니다. 학교생활기록부는 학생의 학업성취도 및 인성 등을 종합적으로 관찰·평가하여 학생지도 및 상급학교의 학생선발에 활용할 수 있는 자료로 관리되는 법정 장부입니다.

위 서술은 제 말이 아닙니다. 공식적으로 규정된 표현입니다. 학교생활기록부는 학생 종합 성장 보고서, 누가기록 중심의 종합기록, 법정 장부입니다. 생각해보면 학생 교육에 있어서 가장 중요한 서류인데도 불구하고 학부모님들은 정작 크게 관심을 기울이지 않는 경우가 많습니다. 적어도 자녀의 교육을 책임지고 관리하는 학부모라면 인터넷에서 "학교생활기록부 종합 지원 포털"을 검색해서서 학교생활기록부에 어떤 내용이 기록되고 정리되는지 확인해둘 필요가 있습니다.

이제 고등학교 각 학년별로 학부모와 학생이 어떤 준비를 하는 것이 좋은지에 대해 안내해드리겠습니다.

Chapter 3

합격 면접 1단계 :

평소에 챙겨야 할
학교생활기록부

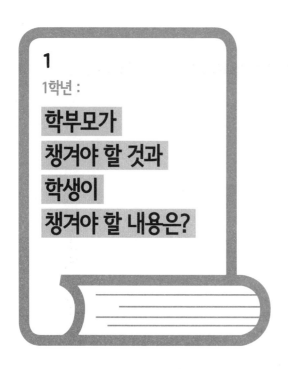

1

1학년 :

학부모가 챙겨야 할 것과 학생이 챙겨야 할 내용은?

📚 적응기와 탐색기, 그리고 안정기

고등학교 1학년은 '적응·탐색 - 안정의 시기'라고 부르고 싶습니다. 중학교 생활을 마감하고 새로 시작하는 고등학교 생활에 적응해야 하는 시기입니다. 어떤 학생들은 이 적응의 단계를 1년 내내 유지하다가 2학년에 와서야 비로소 안정을 얻는 경우도 있습니다. 급하게 서둘 필요는 없겠지만 적응의 단계가 너무 오래 가면 좋지 않습니다. 왜냐하면 우리에게는 입시라는 큰 목표가 있기 때문입니다. 적응의 단계는 짧을수록 좋습니다.

고등학교 생활에 적응이 되면 바로 이어서 진행할 것은 탐색입니다. 자신의 진로에 대한 탐색이 가장 큰 부분을 차지하겠지요. 진로 탐색을 위해 학교 수업 시간이나 담임 선생님이나 진로 진학 담당 선생님의 조언을 적극적으로 활용할 필요가 있습니다. 탐색이 중요한 이유는 그 모든 과정이 학교생활기록부에 고스란히 남기 때문입니다. 평가자들은 이 학생이 어떤 과정을 거쳐 지금의 진로를 결정하게 되었는지 확인하고 싶어 합니다. 그러니 탐색의 과정이 잘 드러나도록 학교생활을 성실하게 해야 합니다.

진로에 대한 치열한 탐색의 과정이 지나면 안정의 시기가 찾아옵니다. 물론 이 안정이라는 의미는 완전한 의미로서의 안정이 아닙니다. 진로는 결정되었고 그에 따라 선택과목도 모두 결정하였으니 안정적으로 입시를 준비하면 되는 시기라는 의미입니다. 1학년 입학과 동시에 학교에 적응도 해야 하고 자신의 진로를 탐색도 해야 하고 안정적으로 입시 준비를 해야 하는 만큼 1학년은 무척 중요한 시기라고 할 수 있습니다.

학부모는 이 시기에 자신의 자녀가 학교생활에 잘 적응하고 있는지 수시로 확인해야 합니다. 새로운 학교, 새로운 선생님, 새로운 친구들을 만났으니 이제 새로운 학원을 찾아야 한다는 생각은 버리십시오. 학생은 학원에 적응하기 전에 학교에 먼저 적응해야 합니다. 학교생활을 충실하게 한 학생만이 건강한 학교생활기록부를 만들 수 있습니다. 그리고 그것을 토대로 자기소개서를 잘 작성할 수 있겠지요. 그 모든 것을 토대로 면접 준비를 할 수 있습니다. 우리는 지금 면접이라는 전형 요소 하나만으로 어떻게 학교생활 전반의 변화를 이끌어낼 수 있는지를 확인하는 중입니다.

자녀들이 학교생활에 잘 적응하고 있는지를 수시로 확인하기 위해 학부모가 해야 할 일을 몇 가지 정리해보겠습니다. 가장 먼저 학교 환경을 살피십시오. 학교는 어떤 곳에 위치해 있는지 확인하십시오. 물론 그런 것을 잘 살피고 입학시켰을 것입니다만 그래도 직접 학교 주변을 걸으며 확인해보십시오. 학교 주변에 어떤 시설들이 있는지 확인하십시오. 혹 학생들에게 해로운 시설은 없는지 살펴보세요. 유해 시설이 반드시 유흥 시설만을 의미하지는 않습니다. 학생들의 교육활동에 장애가 되는 것들은 모두 유해 시설이라고 생각하시면 됩니다. 자녀들의 통학로는 안전한지 살펴보십시오. 통학 거리가 어느 정도나 되는지, 등하굣길은 안전한지 살펴보세요. 고등학생 자녀를 위해 그렇게까지 할 필요가 있는지 의심하는 일은 옳지 않습니다. 자녀들이 어떤 환경에서 어떤 교육을 받고 어떤 생각을 통해 어떤 진로를 선택하는지 일일이 살피지 못한다면 학부모 자격은 없다고 보시면 됩니다.

등하굣길을 비롯해서 학교 주변 환경의 안정성을 확인하셨나요? 만일 자녀가 버스를 타고 통학을 하는 경우라면 그 버스의 모든 노선을 미리 타보시기 바랍니다. 가장 바람직한 것은 등교 시간과 하교 시간에 맞춰서 버스를 타보시기를 권장합니다. 도보로 이동하는 길과 버스로 이동하는 길에 어떤 환경들이 있는지 확인하십시오. 학생의 교육에 장애를 초래할 만한 문제가 없는지 꼼꼼하게 살피셔야 합니다. 학생이 등교 시간이나 하교 시간에 너무 피곤하지는 않을지, 학교 주변 환경 중 학생의 주의력을 산만하게 만들 요인은 없는지 확인하셔야 합니다.

이런 자질구레한 것이 무슨 의미가 있는지 궁금하신가요? 학생이 자신의 진로를 가장 깊이 고민하는 시간이 언제일까요? 혼자 있을 때입니다. 친구나 선생님이나 부모님의 영향력에서 완전히 벗어나서 혼자 있는 시간에 학생의 고민이 깊어집니다. 그 시간이 언제인지를 생각해보시기 바랍니다. 그리고 학생의 고민에 주변 환경이 어떤 영향을 줄 것인지 고민해보시기 바랍니다.

📚 학교 환경 파악하기

등하굣길을 모두 확인하셨으면 그 다음은 학교 자체의 환경을 확인해보십시오. 학교의 환경은 두 부분으로 나누어 살펴보셔야 합니다. 하나는 물리적 환경이고 다른 하나는 순수한 교육적 환경입니다. 학교 건물은 어떤 구조로 되어 있는지, 학교 시설에는 어떤 것이 있는지, 학교 운동장이나 체육 시설은 어떤지 등을 모두 확인하는 일은 물리적 환경을 확인하는 것입니다. 학교의 교육적 환경을 확인하는 일은 먼저 학교 홈페이지를 통해 꼼꼼하게 점검할 수 있습니다. 학교 홈페이지를 자세히 보면 그 학교가 어떤 정체성을 가진 학교인지 알 수 있습니다. 특히 사립학교의 경우에는 설립이념이나 교육 목표가 남다른 경우도 있습니다. 그런 모든 것을 잘 살피셔야 합니다. 학교가 주로 관심을 기울이는 교육목표나 방향이 무엇인지를 잘 살피십시오. 어떤 학교는 과학 중점 학교이고 어떤 학교는 특별한 교육 프로그램을 운영하는 학교일 수 있습니다.

이런 식으로 학생의 등하굣길이나 학교 주변 환경이나 학교 자체의 물리적 환경이나 학교 홈페이지를 통해 확인한 교육적 환경 등을 정리하면서 생기는 작은 의문이나 궁금증을 모두 메모하시기 바랍니다. 그렇게 메모한 내용을 가지고 학교에 방문하셔야 합니다. 대부분의 학교는 학기 초에 학부모를 초청하는 행사를 합니다. 학부모님들에게 학교 운영 전반에 대한 설명을 하고 맡기신 학생들을 잘 가르치겠다는 다짐을 두기 위함이지요. 학부모님들은 그런 시간을 매우 불편하게 생각하는 경향이 많습니다. 또는 학교 선생님들이 뭐라고 하는지 지켜보자는 심정으로 참석하는 분들도 많습니다. 하지만 이 때 미리 준비한 자료를 토대로 꼼꼼한 질문을 하는 학부모는 거의 없습니다. 학교를 변화시키는 힘은 학생들이나 교사들에게만 있는 것이 아닙니다. 학부모 역시 학교를 움직이고 교육을 주도하는 큰 축입니다. 우리 교육의 큰 책임을 맡은 고귀한 임무를 맡은 학부모의 자리를 소홀히 하지 않으시길 바랍니다.

학교의 주변 환경, 학교의 교육적 환경, 학교의 물리적 환경 등을 모두 살피셨으면 그에 대한 간단한 정리가 필요합니다. 그렇게 정리한 내용을 토대로 학부모 모임에 참여하셔서 학교를 향해 의문점을 제기하고 함께 고민할 부분은 고민하고 토의하시기 바랍니다. 다음과 같은 방식으로 정리해보시면 좋을 것 같습니다.

〈학교 환경 조사 결과 - 예시〉
① 등하교 관련 : 학생의 등하굣길에서 발견할 수 있는 교육 관련 문제점 점검
 - 학교 정문 앞에 횡단보도가 있는데 신호등 시간이 너무 짧지는 않은가?
 - 학교에 접근하는 버스 노선이 많아서 좋지만 소음과 대기오염 문제는 없는가?
 - 학교 후문 길 건너에 재래시장이 있어서 하교 시간에 불편하지는 않은가?
② 학교 주변 환경
 - 학교 인근에 음주 가능한 식당이 많지 않은가?
 - 학교 인근에 비교육적 환경이 조성될 만한 공간은 없는가?

- 학교 인근에 CCTV 등은 잘 확보되어 있는가?
- 학교 인근 건물에 학원이 밀집되어 있는 것은 사교육 유발 요인이 되지 않는가?
- 학원 밀집 건물에 학생들의 소비를 촉발할 수 있는 상점들이 많지 않은가?

③ 학교 환경
- 역사가 오랜 학교라 체육 시설이 낡은 것들이 많은데 보수 계획은 있는가?
- 도서관 소장 자료들이 전체 학생수 대비 부족하지는 않은가?
- 외국어 중점 학교라 상대적으로 과학실험 기자재 준비에 소홀하지 않은가?
- 각 교실의 냉난방 장치는 원활하게 가동되고 있는가?

④ 학교 교육 환경
- 과학 중점 학교라는 이유로 외국어 관련 교육과정에 소홀한 점은 없는가?
- 학교 전체 교육 프로그램이 특정 활동에만 집중되어 있지는 않은가?
- 학생들이 선택 교과를 선택하고 공부하는 데 장애가 되는 문제는 없는가?
- 각 교과 교사들은 학생부종합전형을 위해 어떤 교과 운영 계획을 가지고 있는가?

📚 학교 교육 프로그램 활용하기

위와 같은 1차적인 조사가 끝나면 이제 내부적인 관리가 필요합니다. 1학년은 적응과 탐색이 필요한 시기입니다. 자녀가 학교에 잘 적응하고 있는지 수시로 확인할 필요가 있습니다. 이것은 담임선생님만 만나고 알고 있다고 해서 끝날 문제가 아닙니다. 학생이 수업하는 각 교과에 대한 전체적인 정리를 하셔야 합니다. 또한 학기 초에 학부모 모임을 통해서 확인했던 학교 전체의 교육 프로그램이 제대로 운영되고 있는지 확인하셔야 합니다. 위에서 학교 주변 환경 정리를 해보듯이 전체 교과별 수업 내용, 교과 진도, 교과별 수행평가 계획, 교과별 독서 지도 계획, 학교 프로그램의 다양성, 각종 대회나 학생 학업 향상을 위한 프로그램, 비교과 활동의 종류와 성격, 동아리 운영 방안이나 계획, 학생들의 진로 탐색을 위한 학교 프로그램, 학교 차원의 봉사활동 계획 등을 폭넓게 정리하고 확인하셔야 합니다.

학부모가 학교의 이런 모든 일에 직접적으로 관여하는 것은 교사들의 교권을 침해하는 것이 아니냐고 의구심을 가질 수도 있습니다. 교사들의 권리를 침해하는 것이 아니라 교사와 학부모가 학생 교육을 위해 함께 협의하고 고민하며 더 나은 방향, 더 발전적인 방향으로 계획을 세워나가기 위한 작업이라고 생각하시면 좋겠습니다. 학교를 움직이는 것은 학부모, 교사, 학생 공동체이니까요.

1학년 학생들은 어떤 준비를 해야 할까요? 당연히 적응과 탐색의 과정에 충실해야 합니다. 1차적으로 교과 수업에 적응하셔야 합니다. 모든 교과 수업을 잘 하라는 뜻이 아닙니다. 각 교과 수업에 최선을 다해 적응해야 합니다. 학교에 다니는 학생은 교과 수업을 통해서 자신의 진로를 찾는 것이 가장 적절하고 안전한 방법입니다. 물론 그 과정에서 진로 관련 프로그램에 참여하거나 진로 진학 선생님과 상담을 하거나 직업 적성 검사를 병행하는 것도 중요합니다. 하지만 그런 모든 검사와 상담에만 의존하고 자신의 교과 수업을 소홀히 하면 그것은 주객이 전도된 것입니다. 대학 입학을 생각하고 있는 학생이라면 교과 수업을 통해 자신의 진로를 발견하는 것이 가장 중요합니다.

따라서 1학년 학생들은 자신이 듣는 공통교과의 모든 수업에 최선을 다해 참여하십시오. 그리고 학교에서 진행하는 각종 교육 프로그램에도 최선을 다해 참여하십시오. 그런 열정과 노력이 학교생활기록부에 남게 되는 것입니다. 그렇게 잘 만들어진 학교생활기록부는 결국 3학년에 가서 수시 모집 준비를 할 때 유용하게 활용될 것입니다.

많은 학생들이 3학년 1학기에 와서야 비로소 진로 진학 관련 상담을 합니다. 3학년에 올라와서야 자신의 진로를 알게 되었다는 학생들을 자주 만나게 됩니다. 그럴 때마다 참 안타깝습니다. 그 학생이 자신의 진로에 맞는 활동을 해둔 것이 하나도 없으면 시간을 되돌려 준비할 방법이 없기 때문입니다. 학생부종합전형은 1학년 때부터 준비하는 전형이라는 사실을 기억하십시오.

또 하나, 지금 이 글은 면접을 준비하기 위한 방법을 알기 위한 글입니다. 1학년 때 교과에 적응하고 자신의 진로를 탐색하는 것이 어떻게 면접에 유용한 것인지 궁금할 수 있습니다. 그 자세한 내용은 뒤에서 다시 설명하겠습니다. 다만 자신의 진로를 찾는 탐색의 과정이 각 교과 수업에 고스란히 드러난다는 사실을 명심하면 좋겠습니다. 자신이 어떻게 진로를 찾고 그것을 위해 노력했는지를 제시하는 글이 자기소개서 1번 글이기도 합니다. 그리고 서류 기반 면접은 학교생활기록부와 자기소개서를 기반으로 합니다. 이런 사실을 기억하시고 준비하시기 바랍니다.

📚 수업 방식 점검하기

1학년 때 각 교과별 메모를 통해 자신이 어느 교과, 어느 수업 방식에 매력을 느끼고 있는지 꼼꼼하게 자기 점검을 하는 것이 중요합니다. 어느 교과 수업 시간에 가장 즐거운지 확인하십시오. 그 교과의 어떤 수업 시간이 제일 좋은지를 찾으세요. 왜 그 수업이 좋은지도 확인하시기 바랍니다. 단순히 선생님이 좋아서라거나 수업 시간이 재미있어서라는 이유는 타당하지 않습니다. 자신이 좋아하는 교과 수업이 있다면 그 수업의 어떤 내용이나 방식에 매료되는지 냉정하게 점검하시기 바랍니다. 그런 과정을 통해서 자신의 진로를 찾아나가는 것이 중요합니다.

그리고 그렇게 교과 수업을 중심으로 진로를 찾는 과정이 있어야만 일반선택 과목과 진로선택 과목을 어떤 기준으로 선택할 것인지도 알 수 있게 될 것입니다. 단순히 좋은 내신 성적을 얻기 위해서 과목을 선택하는 것이 아니라 자신이 정말 하고 싶은 일, 자신이 정말 배우고 싶은 전공을 위해서 과목을 선택하는 것이 학생부종합전형 준비에 가장 바람직한 방향이 될 것입니다.

그런 고민과 탐색의 과정을 각 과목별로 다음 〈표 6〉과 같이 정

〈표 6〉 과목별 진도표

과목명	월별 진도		주요 수업 내용	수업 중 활동 내용	만족도(5)	
	월	단원			점수	이유
예상 일반 선택 과목 / 진로 선택 과목					/	
예상 일반 선택 과목 / 진로 선택 과목					/	

리해보면 어떨까요?

각 과목별로 월별 진도를 정리하면서 주요 수업 내용을 요약합니다. 그리고 각 수업마다 어떤 활동을 했는지 자세하게 기록합니다. 각 수업과 활동 내용에 대해 스스로 어느 정도나 만족했는지 점수를 주고 그 이유를 기록해봅니다. 이런 누가 기록이 과목마다 생기면 자신이 어느 과목, 어느 단원, 어느 활동에서 가장 흥미를 느끼고 만족스러워했는지 알게 됩니다. 그리고 그 만족도에 따른 이유를 근거로 자신의 향후 진로와 선택과목을 선정하게 될 것입니다.

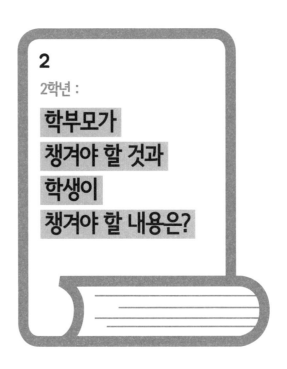

2

2학년 :

학부모가
챙겨야 할 것과
학생이
챙겨야 할 내용은?

📚 진로 결정에 매우 중요한 시기, 2학년

학생부종합전형에서 2학년은 매우 중요한 시기입니다. 2학년은 '확장-발전-심화의 시기'라고 할 수 있습니다. 1학년 과정에서 탐색의 과정을 통해 자신의 진로를 발견하고 결정한 뒤에는 2학년에 와서 그 진로에 대한 생각을 확장하고 더욱 발전시키며 심화하는 단계라고 할 수 있습니다. 이것이 3학년에 가능한 것 아니냐고 생각하는 분들도 있을 것입니다. 하지만 3학년은 이미 2학년까지의 학교생활기록부가 완성된 시점입니다. 더 이상 뭔가를 확장하기에는 한계가 명백합니다. 모든 과정은 2학년에 마무리된다고 생각하시고 3학년 1학기에는 2학년까지 발전시킨 내용들을 보완하는 정도라고만 생각해야 합니다.

학부모는 1학년부터 자녀를 잘 관리하고 자녀들의 학교생활에 대해 대화하고 담당 선생님들과 협의한 후 그것을 기반으로 2학년에 와서는 자녀의 진로와 지원 전공을 확정해야 합니다. 내신 성적의 격차에 따라 지원 가능 대학의 그룹에 약간의 변화가 있을 뿐 진로와 지원 전공에 대한 확정은 명확해야 합니다. 사실 이 과정은 쉽고 단순하게 이루어지는 것은 아닙니다. 어떻게 보면 가장 이상적인 과정을 제시하는 것일 수도 있습니다.

학생부종합전형은 결국 학생의 학교생활 전반의 과정을 통해 전공적합성이나 발전가능성 등을 평가하는 전형입니다. 학생이 1학년 때부터 학교생활에 특이점이 보이지 않고 2학년에 와서도 특별히 진로가 명확해 보이지 않는데 3학년에 올라와서 갑자기 특정 학과를 결정하였다면 그에 맞는 평가의 근거를 찾아보기는 힘들 것입니다. 앞에서부터 반복적으로 이야기한 것과 같이 학생부종합전형은 학교생활기록부를 중심으로 평가가 이루어지는 전형이기 때문입니다.

고등학교 과정을 잘 살펴서 어떤 진로를 선택해야 할 것인지 선택하던 것이 예전의 진학 지도 방법이었다면 지금은 순서를 적절히 섞어야 할 필요가 있는 시대입니다. 학생이 오직 수능 시험만 보기로 작정하고 다른 활동을 전혀 하지 않았다면 모를까 고등학교 과정을 성실히 보낸 학생들은 누구든 수시 모집 전형에 지원하는 것이 좋습니다. 그러기 위해서는 진로를 먼저 정해놓은 학생들이 유리합니다.

자신의 진로를 결정하고 그에 맞는 전공을 선택한 후 각 대학의 해당 전공학과에서 제시하는 선택과목 가이드를 참고하여 선택과목을 골라 편성하고 공부하는 것이 유리하기 때문입니다. 그러니 결국 학생부종합전형을 생각하는 학생과 학부모라면 다음과 같은 절차로 고민하셔야 합니다.

① 1학년 과정을 정리하여 진로를 결정합니다.
 - 이 때 결정하는 진로는 구체적일수록 좋습니다.
 - 구체적인 진로 결정이 아니어도 대략적인 범주를 정해야 합니다.
 - 교과 교사, 담임교사, 진로 상담 교사 등과 협의를 해야 합니다.

② 결정한 진로에 맞는 대학 학과를 선택합니다.
 - 대학 학과 및 전공에 대한 충분한 정보를 확보한 후 선택해

야 합니다.

- 대학 학과 및 전공에 대한 정보 확보는 다음을 참고하십시오.

  각 대학 및 학과 홈페이지

  각 대학 입학처 홈페이지

  각 대학 및 입학처 공식 유튜브 채널

  대입정보포털 어디가(www.adiga.kr)

그림 2. 대입정보포털 어디가 홈페이지

③ 대학 전공에 맞는 교과와 비교과 활동을 계획하고 실행합니다.

- 진로에 맞는 학과를 3개 정도로 압축하여 선택합니다.

- 해당 전공과 연관성이 있는 선택교과를 선정합니다.

- 해당 전공 또는 진로와 연관성이 있는 교과 및 비교과 활동

을 정리합니다.

- 진로상담 교사와 협의하여 구체적인 계획을 세우는 것이 좋습니다.

④ 중간 점검을 통해서 선택과 집중을 잘 조절합니다.

- 1학기를 마친 후 선택교과와 동아리 활동, 봉사 활동 등 교과 및 비교과 활동 전반에 대해 개별적인 점검을 합니다.

- 개별적인 점검을 통해서 부족한 교과와 활동 등을 정리합니다.

- 진로와 전공에 맞는 활동을 중심으로 집중적인 활동을 계획하여 2학기를 진행합니다.

⑤ 2학년 과정을 마감하면서 부족한 항목을 찾아 3학년 1학기를 준비합니다.

- 1학기를 정리하며 스스로 점검했던 결과를 토대로 2학년 전반의 활동을 점검합니다.

- 해당 활동들의 경중을 고려하여 진로와 관련하여 심화해야할 활동을 선택하고 3학년 1학기를 준비합니다.

- 이러한 모든 활동의 과정에 담임교사와 진로상담 교사의 협력을 구합니다.

이러한 진로 집중 과정 등에 어려움이 있다면 다음 〈표 7〉과 같은 표를 작성하는 것도 좋습니다.

〈표 7〉 전공 진로표

선택 진로	①	②	③
선택 직종	①	②	③
선택 전공	①	②	③
전공별 선택교과	①	②	③
교과별 성취 수준	①	②	③
전공 관련 비교과 활동	①	②	③
교과 및 비교과 활동 중간 점검 결과			

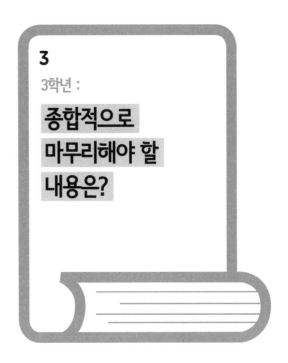

3

3학년 :

종합적으로
마무리해야 할
내용은?

3학년은 입시에서 가장 중요한 시기입니다. 학생부종합전형을 위해 1학년부터 탐색의 과정을 거치고 2학년에 심화 발전의 과정을 거친 후 마지막 남은 구체적 전략을 전개하고 실질적인 입시 준비를 하는 시기가 3학년 1학기입니다. 정시 수능을 준비하는 학생이라면 3학년 2학기까지의 시간적 여유가 보장되어 있으나 수시 모집의 학생부종합전형을 준비하는 학생들은 3학년 1학기까지의 기록 결과만으로 평가를 받습니다.

따라서 수시 학생부종합전형 준비 학생에게 3학년 1학기는 입시를 위한 마지막 준비 기간이라고 생각해야 합니다. 이 때 준비할 것은 세 가지 영역입니다. 교과 활동 영역, 비교과 활동 영역, 실제 입시 준비 영역입니다. 각 영역별 준비 사항을 살펴봅시다.

📖 첫째, 교과 활동 영역입니다.

1학년부터 2학년까지 수행한 교과 수업 결과를 정리해봅니다. 각 교과별 내신 성적을 정리해보세요. 등급의 높낮이만 보시면 안 됩니다. 각 교과의 이수자는 몇 명인지 평균이나 표준편차는 어떤지 점검해보셔야 합니다. 그런 전문적인 용어보다 더 중요한 것이 있습니다. 각각의 교과 활동 내용입니다. 그것은 대체로 교과 세부능력 및 특기사항, 즉 우리가 간단히 '교과 세특'이라고 줄여서 말하는 그 항목에 나타나 있습니다.

사실 그 항목에 기록된 것이 거의 전부라고 생각하셔도 됩니다. 어떤 학생이 아무리 특정 교과에서 수행한 특별한 교육 경험에 대한 좋은 기억이 남아 있다고 할지라도, 그 내용이 학교생활기록부의 교과 세특에 남아있지 않다면 그것은 의미 없는 활동에 불과합니다. 그래서 1학년부터 학생의 모든 교과 관련 활동은 학생과 학부모 모두 함께 꼼꼼하게 챙기셔야 합니다.

2학년까지의 교과 활동 영역을 정리하면서 부족한 부분이 어떤 것인지 확인하세요. 특히 진로와 지원 전공 연관 교과에는 더 주목하셔야 합니다. 그런 부분에 누락된 기록이 있거나 오류가 있다면 즉시 정정 요청을 하셔서 정확한 기록이 남을 수 있도록 하셔야 합니다. 그와 동시에 부족한 교과 활동이 있다면 3학년 1학기를 마지막 기회로 알고 그 부분에 초점을 맞춰야 할 것입니다. 학생부종합전형 준비를 위한 최후의 기록이 3학년 1학기인 만큼 최선을 다해 교과 활동의 충실도를 채워야 합니다.

그렇다고 해서 3학년 2학기 역시 포기해서도 안 됩니다. 재학생의 경우 학생부종합전형 평가에 반영되는 부분은 3학년 1학기까지입니다만 졸업생의 경우는 3학년 2학기까지의 모든 기록이 평가에 반영됩니다. 자신의 운명이 언제 어떻게 변할지 모르는 상황에서 고등학교를 졸업할 때까지 최선을 다하는 것이 중요합니다.

📚 둘째, 비교과 활동 영역입니다.

내신 성적 및 교과 세특을 제외한 모든 영역이 비교과 활동 영역이라고 생각하시면 됩니다. 출결, 수상, 독서, 봉사, 동아리 등 성적이나 교과 관련 기록 이외의 모든 기록입니다. 사실 이 부분이 굉장히 영역이 넓고 다양해서 오히려 혼란스럽기도 할 것입니다. 하지만 처음 말씀드린 것과 같은 기준으로 취사선택이 가능하니다. 진로와 전공과 연관된 활동이 선택의 기준입니다. 진로와 전공 관련 활동이 어떻게 집중되어 있는지 점검하시기 바랍니다.

학교생활기록부의 각 영역을 늘어놓고 각각의 항목들이 학생이 선택한 진로 또는 지원 전공과 어느 정도의 연관성이 있는지 확인하시기 바랍니다. 학부모와 교사들은 그 연관성과 활동의 정도를 학생과 함께 점검하고 정리하는 작업이 필요합니다. 그 작업이 마무리되면 3학년 1학기에 어떤 활동에 더 집중해야 할 것인지 어느 정도의 윤곽이 나오게 될 것입니다.

만일 수상 경력에 전공 관련성이 부족해보인다면 3학년 1학기에 관련 교내 대회에 적극적으로 참가하는 것이 중요합니다. 지원 전공과 연관성 있는 독서 활동이 부족하다면 그 내용을 보완할 수 있는 마지막 시기가 3학년 1학기입니다. 이렇게 각 항목별로 부족한 부분을 점검하고 보완할 내용을 확인하는 작업이 필요합니다.

지금까지의 내용을 정리하기 위하여 다음과 같은 구성의 표를 활용하는 것도 좋습니다. 〈표 8〉은 예시입니다.

교과 및 비교과 활동 구성표

항목	교과 활동 영역	비교과 활동 영역
1학년	국어 교과 : 국어 시간 수행평가 과정이 세부적으로 잘 정리됨. 수업 시간 발표 및 정리 활동이 뚜렷하게 기록됨 통합사회 : 교과 성적이 매우 우수함. 토론대회 준비 과정 및 발표 내용 등이 잘 정리됨 한국사 : 고대사 분야에 대한 개인적이 관심이 세부적으로 잘 정리됨. 수업 중 과제 발표 시간에 PPT 발표 내용이 세부적으로 잘 기록됨	동아리 고인돌 : 우리 고대사의 현장을 카드뉴스로 제작하여 동아리 축제에 전시하고 부스를 운영한 내용이 기록됨 독서활동 : 특히 역사, 사회, 문학 관련 독서 활동이 많음. 《우리 고대사의 비밀》《샤먼제국》《삼국사기》《삼국유사》 등 기록이 돋보임
2학년	동아시아사 : 일제강점기 우리나라의 사회 경제적 문제 상황을 잘 정리하여 발표함 화법과 작문 : 역사 교사가 되고 싶은 이유와 자신의 사명에 대한 글을 쓰고 연설하는 과정이 잘 기록됨 영어 독해와 작문 : 일제강점기 우리 독립운동가에 대해 영작을 하고 영어로 발표함	진로활동 : 우리 역사 문제 연구소에 정기적으로 방문하여 역사 문제 진로 상담 등을 진행함 동아리 활동 : 고인돌 부장으로 활동하며 다른 고등학교 역사 동아리와 연합하여 학생들을 위한 역사 교육 유튜브를 제작하여 운영함
보완할 내용	교과 활동이 사회, 근대사 방면으로 집중되어 있으나 영어 교과 성적은 상대적으로 취약한 편	역사 관련 동아리 활동 내용은 활발하나 진로활동, 봉사활동 등에 부완이 필요함
3학년 1학기	특히 영어 교과 성적 향상 및 교과 활동에 집중할 것	봉사활동 보완을 위한 방안 마련

📚 셋째, 실질적인 입시 준비 영역입니다.

교과와 비교과 활동에 대한 점검이 끝났다면 이제 실질적인 입시 준비를 해야 합니다. 학생부종합전형은 3학년 1학기까지의 모든 과정을 평가에 반영하는 전형입니다. 그리고 3학년 1학기에 입시 준비를 마쳐야 하는 전형이기도 합니다. 따라서 2학년까지의 모든 활동 내용을 점검한 후 교과 및 비교과 활동을 지원 전공과의 연관성에 따라 정리하고 나면 바로 그 자료가 자기소개서와 면접 준비를 위한 자료가 된다고 생각하시면 됩니다. 이 과정을 예전에 제가 워크북 형태로 만든 적이 있습니다. 다음과 같은 절차를 따르면 좀 수월하게 정리가 가능합니다.

① 학교생활기록부의 각 항목별로 자신의 강점을 정리합니다.

학교생활기록부의 모든 내용은 결국 학생부종합전형 평가 자료가 됩니다. 항목별로 점검하면서 강점이 될 항목을 정리해봅니다. 이것은 자기소개서라는 글을 쓰기 위해 좋은 글감을 고르는 작업이라고 생각해도 됩니다. 또한 면접 준비를 위한 좋은 질문 자료 형성의 과정이라고 생각할 수도 있습니다.

② 강점으로 정리한 내용이 자신이 선택한 진로, 전공과 연관성이 있는지 확인합니다.

강점으로 정리한 내용을 진로와 전공적합성에 따라 분류하고 취사선택합니다. 처음에는 무조건 자신의 강점이라고 정리한 항목이라 해도 그것이 진로나 전공과 연관성이 멀다면 우선순위에서 뒤로 미뤄두는 것이 좋습니다. 자기소개서 작성을 위한 소재 선택 과정이며, 면접 준비를 위한 질문 형성 과정이라고 생각하면 됩니다.

③ 가장 연관성이 많은 항목, 가장 뛰어난 강점 순으로 우선순위를 정합니다.

진로와 전공과 관련해서 가장 우선 고려할 강점이 무엇인지 결정해야 합니다. 3년 동안 똑같이 도서부원으로 활동한 내용이 강점이라고 해도 그것이 국어국문학과 지원에 합당한 내용인지 면밀하게 검토할 필요가 있습니다. 어떤 활동을 꾸준히 했다고 해서 그 내용이 모두 신뢰할 만한 것인지는 개인에 따라 편차가 크기 때문입니다.

④ 해당 활동에 대한 자신의 견해를 정리합니다.

강점으로 정리한 활동에 대해 자신의 견해를 간략하게 정리하는 작업이 필요합니다. 이것은 나중에 자기소개서 작성이나 면접 준비를 위해서도 반드시 필요한 작업입니다.

⑤ 이 때 정리하는 견해는 각 활동의 참여 동기, 활동의 과정, 과정 중 자신의 역할, 활동의 결과, 활동의 과정과 결과를 통한

자신의 변화 또는 학습에 대한 기록이어야 합니다.

만일 역사 동아리 활동을 했는데 거기에서 특별히 축제 기간 부스 운영한 것이 중요하다면 그것이 일회성 행사가 아니라 어떤 과정 중에 일어난 사건인지를 정리할 필요가 있습니다. 왜 역사 동아리 활동을 시작했는지[동기], 그 활동 중에 나는 어떤 역할을 담당했는지[역할], 그 활동의 전반적인 내용은 어떠한지[과정], 그 과정을 통해 자신이 특별히 얻은 것[교육, 학습]은 무엇인지를 정리할 필요가 있습니다. 이런 정리 작업은 결국 자기소개서와 면접 준비에 유용하게 활용할 수 있습니다.

4

고등학교
4학년?

학생부종합전형은 수시 모집 전형입니다. 때에 따라서 수능 시험 전에 합격자 발표가 끝나기도 합니다. 수능 최저 학력기준을 요청하지 않는 경우도 많습니다. 학생부종합전형에 합격한 많은 학생들이 졸업 때까지 남은 숱한 시간들을 허술하게 보내는 경우가 많습니다. 하지만 고등학교 과정에서 수시나 정시 모집 기간이 끝난 후, 즉 입시가 끝난 후 졸업과 입학 직전까지의 시간은 매우 소중한 시간입니다. 이 시기를 고등학교 4학년이라고 할 수 있습니다. 대입 전 준비시기를 잘 챙기는 사람이 자신의 인생을 더 알뜰하고 건강하게 만들어갈 수 있습니다.

학생부종합전형에 합격한 학생은 수능을 준비하는 학생들보다 훨씬 많은 시간을 얻게 됩니다. 그 소중한 시간을 허비해서는 안 됩니다. 어떤 학생들은 그 시간에 쌍꺼풀 수술을 하거나 운전면허를 얻는 것이 유용한 일이라고 생각하기도 합니다. 하지만 이 시기는 대학 입학을 위해 자신의 내공을 기르는 가장 중요한 시기입니다.

따라서 지원 전공과 관련한 학습을 준비하는 일이 무엇보다 시급한 과제입니다. 특히 학생부종합전형으로 합격한 학생들에게는 더 그렇습니다. 대학에서 진행하는 입학생 종단 연구를 보면 입학할 때 성적이 낮은 학생들은 논술전형이나 학생부종합전형으로 합격한 학생들입니다. 물론 학생부종합전형으로 합격한 학생들의 성적이 가장 가파르게 상승하는 경향을 보이기는 합니다.

내신 성적을 우선시하지 않고 수능 성적을 고려하지 않은 상태에서 학생을 선발하다보니 학생부종합전형 합격생들의 학업 성적이 높지 않은 것은 사실입니다. 하지만 학생부종합전형 합격생들은 지원 대학과 지원 학과에 대한 열정과 관심이 많은 학생들입니다. 그 열정과 관심이 학업 집중도를 높이고 그것은 결국 평균 성적 향상과 대학생활의 적극성으로 이어집니다. 학생부종합전형 합격생들에 대한 교수님들의 호감이 상승하고 모집인원이 늘어나는 이유이기도 합니다.

그러니 자신의 지원 전공과 관련한 실질적인 학습 준비를 할 수 있는 최적의 기회가 되는 시기가 바로 합격 후 졸업 이전까지의 시간입니다. 그 시기를 고등학교 4학년이라 생각하고 아껴서 자신의 학습 역량을 실질적으로 향상시키는 최적의 기회로 삼으시기 바랍니다.

교육부의 방침에 따라 자기소개서는 이제 점차 폐지의 길로 들어서고 있습니다. 한때는 자소설이니 뭐니 말도 많고 탈도 많았던 서류입니다. 자기소개서 쓰기가 어려워서 학생부종합전형 준비가 싫다는 학생들도 많았습니다. 하지만 입시 현장에 있는 사람의 입장에서 자기소개서는 매우 유용한 평가 자료입니다. 학생부종합전형에서 학생이 직접 작성할 수 있는 유일한 입시 자료가 자기소개서이기 때문입니다.

자기소개서가 없어진다 해도 결국 학생부종합전형은 학교생활기록부를 중심으로 평가를 진행할 수밖에 없고 점차 면접의 중요성이 대두되는 상황이 발생할 수도 있습니다. 그런 상황에서 자신의 학교생활기록부를 정리하는 소중한 자료가 되는 것이 자기소개서입니다. 따라서 자기소개서 역시 3학년 입시 시즌에 준비할 것이라 아니라 미리 잘 준비해야 하는 서류라고 보시면 좋겠습니다. 물론 1학년부터 자기소개서를 쓸 필요는 없습니다. 여기서는 자기소개서의 특징과 그 준비 방법에 대한 안내를 드리겠습니다.

Chapter 4

합격 면접 2단계 :

항상 준비해야 할
자기소개서

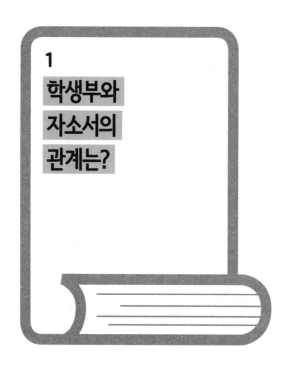

1

학생부와
자소서의
관계는?

　자기소개서는 축소와 폐지의 운명에 처해 있습니다. 이미 2022
학년도 입시를 준비하는 학생들의 자기소개서 양식을 보면 작년
에 비해 한 문항이 줄어 있음을 확인할 수 있습니다. 문항이 줄었
다고는 해도 여전히 자기소개서는 서류 평가에서 중요한 위치를
차지하는 문서입니다. 서류 평가의 대상이 되는 것은 학교생활기
록부와 자기소개서뿐인데 그 중 학생이 직접 작성할 수 있는 유

일한 서류이기 때문입니다. 자신이 직접 자신의 입시를 준비한다는 측면에서 자기소개서는 학생들의 주체성 함양에도 무척 좋은 교육 기회를 마련한다고 생각합니다. 단순히 글쓰기 능력만을 측정하는 것이 아니라는 점에서도 자기소개서 작성은 사교육에 의존하지 않고 학생이 능동적으로 준비해야 할 서류입니다.

여러 가지 긍정적인 측면이 많음에도 불구하고 여전히 대부분의 학생들이 자기소개서에 대한 부담을 크게 안고 있다는 사실을 잘 압니다. 자기소개서에 대해 부담이 큰 이유는 글쓰기에 대한 부담감이 크기 때문입니다. 우리나라 고등학교 학교 교육에서는 글쓰기가 제대로 이루어지기 힘들기 때문이지요. 글쓰기 교육은 '화법과 작문' 교과에서 다루는 별개의 교육이 아닙니다. 글쓰기는 사실 모든 교과, 모든 교육 활동과 긴밀하게 연결된 것이지요. 물론 지금 고등학교 현장에서 그런 것은 단순히 이론으로만 존재할 뿐입니다. 실제로 모든 학생들이 현실적인 글쓰기 지도를 지속적으로 받기 어렵습니다. 현실적으로 저 역시 오래 전 고등학교 교사 시절에 '작문' 시간에 실제로 학생들에게 작문을 가르쳤다는 이유만으로 교장 선생님에게 불려가 야단을 맞은 적이 있으니까요. 그 귀중한 시간에 수능 문제 풀이를 하지 않고 '쓸데없는' 작문을 가르쳤다는 것이 제가 질책을 받은 이유였습니다. 그때에 비해 지금의 교육 현장은 훨씬 더 나아졌으리라 간절히 믿어봅니다.

자기소개서는 사실 어려운 글이 아닙니다. 긍정적인 시각으로 한 번 살펴볼까요? 자기소개서는 뭔가를 새롭게 창작하라는 글이 아닙니다. 이미 존재하는 그리고 이미 존재했던 자기 자신을 정직하게 소개하는 글이기 때문입니다. 없는 사실을 지어내는 것이 아니라 그저 있었던 사실을 기술하면 되는 글입니다. 게다가 이 글은 다른 누구보다 자신이 가장 잘 쓸 수 있는 글입니다. 자기를 소개하는 글이니까요. 그리고 이 글은 문항이 정해져 있습니다. 순수한 창작이나 새로운 구조를 만들 필요가 없습니다. 문제가 요구하는 내용을 파악하고 그 요구사항에 맞게 쓰면 되는 글입니다. 무엇보다도 자기소개서는 뚜렷한 참고서가 있는 글입니다. 자기소개서의 가장 중요하고 유일한 참고서는 바로 학교생활기록부입니다.

자기소개서는 갑자기 아무 것도 없는 흰 바탕에 아무런 소재도 없이 자기를 소개해보라고 던져진 과제가 아닙니다. 명확하게 학교생활기록부를 근거로 한 글입니다. 이미 학교생활기록부에 나와 있는 명백하고 객관적인 사실 중에 문항에서 요구하는 내용과 가장 부합하는 것을 적절히 골라 쓰면 되는 글입니다. 따라서 자기소개서와 학교생활기록부는 둘이 아닌 한몸입니다.

학교생활기록부를 면밀히 살펴보면 그 학생의 고등학교 생활이 눈에 보입니다. 어떤 과목에 특별히 관심이 많은 학생이었는지, 리더십이 뛰어난 학생인지 아닌지, 혼자서 공부하는 것을 즐기는 학생인지 하나의 문제를 치밀하게 파고들어가는 것을 좋아하는 학생인지, 다른 친구들을 위해 자신의 시간을 투자해가며 끝없이 주는 것을 좋아하는 학생인지 조직을 만들어 함께 작업하는 일을 즐기는 학생인지 등 그 학생의 다양한 측면들을 고스란히 읽어낼 수 있는 것이 학교생활기록부입니다. 입학사정관들은 학교생활기록부를 읽으며 그 학생의 특성을 파악하게 됩니다. 그리고 학교생활기록부에서 파악한 특성이 자기소개서에서도 동일하게 드러난다면 무척 반가운 마음이 듭니다. 학교생활기록부를 잘 읽어낸 자신에 대한 자부심과 함께 일시적으로 지원자와 동일한 관점을 가진 일체감 같은 것을 느끼는 순간을 만나기도 합니다. 그러니 자기소개서를 준비할 때는 반드시 먼저 학교생활기록부를 꼼꼼하게 읽어보시기 바랍니다. 자기소개서 관련 참고서는 오직 학교생활기록부가 있을 뿐입니다.

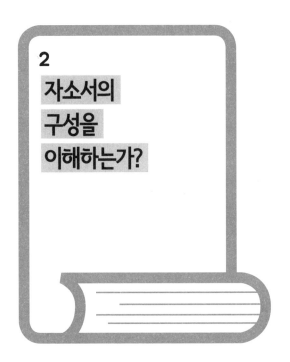

2

자소서의
구성을
이해하는가?

대교협에서 발표한 2022학년도 자기소개서 문항은 다음과 같습니다.

1. 고등학교 재학 기간* 중 자신의 진로와 관련하여 어떤 노력을 해왔는지 본인에게 의미 있는 학습 경험과 교내 활동을 중심으로 기술해주시기 바랍니다. (띄어쓰기 포함 1,500자 이내)

2. 고등학교 재학 기간* 중 타인과 공동체를 위해 노력한 경험과 이를 통해 배운 점을 기술해주시기 바랍니다. (띄어쓰기 포함 800자 이내)

* 검정고시 출신자는 중학교 졸업 후 고등학교 재학 기간에 준하는 기간의 경험 기술

3. 〈자율 문항〉 필요 시 대학별로 지원 동기, 진로 계획 등의 자율 문항 1개를 추가하여 활용하시기 바랍니다. (띄어쓰기 포함 800자 이내)

교육부에서 이미 발표한 것과 마찬가지로 자기소개서의 문항이 줄었습니다. 예전에는 공통문항 3개 자율문항 1개로, 대학이 자율문항을 만든 경우 총 4개 문항의 자기소개서를 작성해야 했습니다. 하지만 2021년부터는 공통문항이 2개입니다. 대학 자율문항까지 모두 합해도 총 3개의 문항만 작성하면 됩니다. 학생들의 부담이 상대적으로 줄었다고 볼 수 있습니다.

물론 문항 수가 줄었다고 해서 학생들의 입시 부담이 줄어들지는 않습니다. 면접 시간이 15분에서 10분으로 줄었다고 해서 학생들의 입시 부담이 그 시간 분량만큼 줄어들지는 않는 것과 마찬가지입니다. 어쨌든 입시에 대한 부담은 여전히 남아 있는 것이지요. 그러니 학교생활기록부의 내용을 줄이면 학생들의 입시 부담도 같이 줄어들 것이라고 생각하면 오산입니다. 대학이 건재

하고 그 대학에 대한 서열화 의식이 강고하게 남아 있는 한국 사회에서 입시에 대한 부담은 전형 요소 몇 개 바꾼다고 줄어들 문제가 아니라는 사실을 알아야 합니다.

📚 어쨌든 자기소개서의 각 문항을 먼저 살펴봅시다.

1번 문항 내용은 "고등학교 재학 기간 중 자신의 진로와 관련하여 어떤 노력을 해왔는지 본인에게 의미 있는 학습 경험과 교내 활동을 중심으로 기술해주시기 바랍니다."라고 되어 있습니다. 진로 관련 학습 역량을 보고자 하는 문항입니다. 띄어쓰기 포함 1,500자 이내이니 적은 분량도 아닙니다. 2번 문항이 800자이니 거의 두 배의 부담감이 있겠군요. 1번 문항에서 핵심이 되는 부분은 세 군데입니다. 첫째는 '진로와 관련하여'라는 부분입니다. 둘째는 '본인에게 의미 있는 학습 경험'입니다. 셋째는 '본인에게 의미 있는 교내 활동'입니다.

따라서 1번 문항을 온전히 쓰기 위해서 전제가 되어야 할 것은 지원자의 진로가 명확해야 한다는 것입니다. 단순히 내신 성적이 잘 나온 교과나 자신의 기억에만 인상적으로 남은 교내 활동을 기록하라는 의미가 아닙니다. 자신의 진로와 관련한 노력을 쓰되 자신에게 의미 있는 학습 경험과 교내 활동을 중심으로 쓰라는 것입니다. 1번 문항에서 기록하는 모든 내용은 교과 관련이든 비교과 활동이든 자신의 진로와 관련이 있는 내용이어야 한다는 뜻입니다. 이것은 제가 앞에서부터 계속 반복해서 말씀드린 전공 적합성, 또는 전공계열적합성과 밀접한 연관이 있는 내용입니다. 또 고등학교 1학년 과정부터 자신의 진로를 탐색하고 전공을 선택하기 위해 치밀하고 지속적인 노력을 기울여야 한다는 사실과도 밀접한 관련이 있습니다.

2번 문항은 "고등학교 재학 기간 중 타인과 공동체를 위해 노력한 경험과 이를 통해 배운 점을 기술해주시기 바랍니다."입니다. 인성과 관련한 항목이라고 생각할 수 있습니다. '타인과 공동체를 위해 노력한 경험과 이를 통해 배운 점'이니 이기적인 삶을 살아온 학생들은 별로 쓸 말이 없을 수도 있겠군요. 하지만 정말 이 학생이 타인과 공동체를 위해 그런 노력을 한 것인지 아니면 자신의 진학을 위해 한 것인지는 구분하기 어렵습니다. 그동안의 자기소개서에서도 가장 신뢰하기 힘든 문항이 인성 관련 문항이었듯이 이번 문항도 마찬가지입니다. 대학 입학을 위한 자기소개서에 자신은 타인과 공동체를 위해 노력한 적이 없는 이기적인 인간이었다고 고백하거나 자신의 삶이 다른 사람을 배려하거나 공동체 지향적이지 않았다고 쓰는 학생은 없을 것입니다. 자신이 했던 어떤 활동이라도 그것이 타인과 공동체를 위한 활동이었으며 결국 자신의 인성에 어떤 변화가 있었는지에 초점을 맞추어

기록해야겠지요.

3번 문항은 대학 자율 문항입니다. "지원 동기나 진로 계획" 등을 중심으로 기술하도록 유도하고 있습니다. 보편적으로 대학 자율 문항은 '대학이나 학과 지원 동기, 지원 학과를 위한 노력의 과정, 입학 후 학업 계획, 졸업 후 진로 계획' 등으로 구성되어 있습니다.

📚 자기소개서 쓰기에 집중하기

이 3개의 문항을 잘 살펴봅시다. 1번은 학업 역량, 2번은 인성과 공동체 의식, 3번은 지원 동기 및 진로 계획 등으로 구성되어 있습니다. 이 자기소개서를 순조롭게 쓰려면 어떤 방법을 사용하는 것이 좋을까요?

글쓰기에서 가장 먼저 수립해야 할 것은 주제를 정하는 것입니다. 자기소개서 역시 마찬가지입니다. 자신의 자기소개서에 주제를 정하는 일이 필요합니다. 그 주제는 막연하고 황당한 것이어서는 안 됩니다. 구체적으로 실현 가능성이 있는 것이어야 합니다. 자신이 어떤 삶을 살 것인지가 불분명한 학생들은 자기소개서 쓰기가 더 어려울 것입니다. 하지만 제가 권하고 싶은 것은 자기소개서를 작성하는 그 순간에는 마치 내 인생의 목표가 분명하고 뚜렷하게 설정된 사람처럼 마음을 먹어야 한다는 것입니다.

'나는 이런 인생을 살고 싶다.'가 아니라 '나는 이런 인생을 살 것이다.'라는 확신에 사로잡힐수록 글쓰기가 쉬울 것입니다. 그리고 그 인생의 목표는 자신의 마음에서 우러난 것이어서는 안 됩니다. 여러분이 어떤 인생을 살 것인지는 여러분의 마음이나 뇌 속에 각인되어 있거나 그려지는 어떤 그림이 아닙니다. 우리는 지금 평범한 글쓰기를 이야기하는 것이 아닙니다.

입시를 위한 서류 준비에 대해 이야기하고 있습니다. 대한민국 입시 현장에서 수험생들의 인생 목표는 저마다의 가슴속에 새겨진 것이 아닙니다. 그것은 모두 학교생활기록부에 나타나 있습니다. 학교생활기록부에 나타나 있어야만 합니다. 학교생활기록부를 통해 충분히 유추할 수 있어야 합니다. 그래야만 합니다. 그래야 우리 교육이 무너지지 않고 온전히 바른 방향으로 진행되고 있다고 확신할 수 있습니다. 그래야 여러분들이 그 학교생활기록부를 토대로 자기소개서를 명확하게 쓸 수 있습니다. 그래야 그 학교생활기록부와 자기소개서를 읽고 입학사정관들이 여러분을 공정하게 선발할 수 있습니다.

학교생활기록부를 통해 드러난 여러분의 인생 진로가 무엇인지를 발견하는 일이 무엇보다 중요합니다. 그 진로에 맞게 여러분의 지원 전공을 선택하셔야 합니다. 3년 동안의 학교생활기록부에는 명확하게 나타나지 않았으나 내가 가진 열정은 선생님이 되는 것이니 이제부터 준비해서 사범대학을 지원하겠다는 학생이 있다면 합격의 길은 멀어집니다. 자신의 모든 기록, 전공적합성 관련 내용은 학교생활기록부에 드러나 있는 것이어야 합니다.

학생부종합전형에서 가장 중요한 서류는 학교생활기록부입니다. 입학사정관들은 여러분을 직접 대면하기 전에 학교생활기록부와 자기소개서라는 서류로 먼저 만납니다. 그러니 학교생활기록부에 여러분의 진로가 무엇이라고 적혀 있는지 찾아보세요. 그것은 단순히 진로희망사항에 나와 있는 것이 아닙니다. 학교생활기록부 전체에 걸쳐 드러난 것이어야 합니다.

우리는 앞에서 학교생활기록부의 항목별 점검을 통해 자신의 장점을 고르고 그 장점을 토대로 자신의 진로, 또는 전공을 찾는 작업을 한 적이 있습니다. 그런 작업의 과정을 통해 학교생활기록부 전체에 드러난 인생의 목표나 진로가 보이십니까? 그것을 자신의 목표로 삼고 자기소개서를 준비하세요. 학교생활기록부에 나타난 그림을 중심으로 자기소개서의 3번을 구상해보십시오. 지원 동기, 학업 계획, 진로 계획입니다. 자신의 마음속에 담긴 꿈을 따라 자기소개서를 쓰지 마세요. 자신의 소중한 꿈은 그저 소중하게 마음속에 간직해두시기 바랍니다. 그것은 절대 잃어버리지 말고 잘 지키고 계세요. 언젠가 자신의 꿈을 이룰 그날을 소망하며 간직하세요. 하지만 절대 그것을 학생부종합전형을 위한 자기소개서에 섣불리 써넣지 마세요. 여러분의 꿈은 소중하니까요.

학교생활기록부에 드러난 그 학생의(자신과 일치할 수도 아닐 수도 있는) 진로와 전공적합성을 찾아 그에 맞는 학과를 선택하고 지원하십시오. 해당 지원 전공에 대한 사전 지식을 확장하십시오. 그 대학과 그 학과에서는 대체 무엇을 배우는지 확인하세요. 그 학과에 입학하게 되면 어떤 교육과정을 따라가게 되는지 확인하십시오. 그 학과의 동아리는 어떤 것이 있는지, 자신이 희망하는 대학의 비교과 프로그램은 어떤 것이 있는지 확인하십시오. 그런 것들이 여러분의 진로에 어떤 도움이 될 수 있는지 그 연관성을 찾아보세요. 그런 모든 정보가 종합된 후에야 비로소 자기소개서를 쓸 수 있습니다.

📚 인생 시나리오 작성하기

학교생활기록부에서 찾아낸 자신의 진로와 그에 적합한 전공을 찾았다면 그에 맞는 인생 시나리오를 작성해야 합니다. 그것이 자기소개서 3번 문항의 답입니다. 그리고 그 3번 문항의 답안은 전체 자기소개서를 관통하는 지침이 될 것입니다. 학교생활기록부 전체를 통해 찾아낸 진로와 전공을 객관적 정보를 토대로 견고하게 짜놓은 시나리오가 바로 3번 문항의 답안입니다.

3번 문항의 답안이 완벽하게 마련되기 전에 섣불리 자기소개서를 쓰지 마십시오. 자기소개서를 무조건 1번 문항부터 시작하거나 학교생활기록부와 무관하게 쓰는 학생들은 아무리 글쓰기

실력이 좋아도 자기소개서를 잘 쓰기 어렵습니다. 자기소개서는 학교생활기록부를 모태로 한다는 사실을 기억하세요.

학교생활기록부에 나타난 전공과 진로에 따라 3번 문항을 구축했다면 나머지 문항 역시 그에 맞게 구성해야 합니다. 학교생활기록부에 3년 동안 결석 한 번 없이 성실한 학생, 수상 내역에 '수학' 관련 대회 수상이 있는 학생, 진로희망에 '수학' 교사나 '수학'자가 꿈인 학생, 자율활동에서 '수학' 교과 학습부장을 하며 친구들에게 성실하게 '수학'을 가르쳐준 학생, 지역 아동봉사 센터에서 어린 아이들에게 꾸준히 멘토링 등의 봉사활동을 지속한 학생, 교과 세부능력 및 특기사항에 특별히 '수학'과 관련한 교과에서 개인적인 성장과 발전을 많이 보여주는 학생, 다른 교과의 세부능력 및 특기사항에도 발표력이나 멘토 활동을 열심히 한 것으로 드러난 학생, '수학'이나 과학 등은 물론 교육과 관련한 책을 꾸준히 읽은 학생, 행동특성 내용에 담임 선생님의 언급이 교육자의 자질이나 특성으로 드러난 학생은 당연히 '수학교육과'에 지원하는 것이 현명한 방법일 것입니다. 이런 학생이 3학년에 와서 갑자기 꿈이 생겼다고 하여 사회 교과 관련 학과나 소프트웨어 학과 등에 지원한다면 상당히 어려운 자기소개서를 써야 할 것입니다.

자신의 진로가 무엇인지, 자신에게 적합한 전공이 무엇인지에 따라 3번 문항을 작성한 후에 나머지 문항의 내용을 그에 맞춰 써야 합니다. 자신의 진로 또는 전공은 이것이기에 1번과 같은 학업 관련이나 비교과 활동을 진행하였다는 내용, 자신의 진로 또는 전공이 이러하므로 2번과 같은 인성이 나올 수밖에 없다는 내용으로 구성되어야 합니다. 만일 지원하는 대학에서 자율문항을 선택하지 않아 1, 2번 2개 문항의 자소서만 써도 되는 학생이라고 해도 임의로 3번 문항의 답안을 만들어보시기 바랍니다.

자기소개서의 핵심은 진로입니다. 진로와 관련한 전공 선택입니다. 전공에 대한 구체적인 학습 계획입니다. 구체적인 학습 계획에 따른 향후 진로입니다. 그리고 그런 일련의 목표를 위해 1, 2번과 같은 학교 활동과 인성 훈련을 했다는 증빙 자료가 바로 자기소개서입니다.

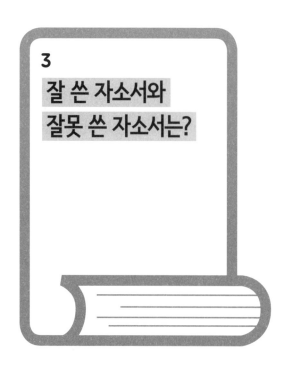

3

잘 쓴 자소서와
잘못 쓴 자소서는?

📚 학교생활기록부에 부합하는 자기소개서

위에서 언급한 내용을 토대로 정리해보자면 잘 쓴 자기소개서
는 결국 학교생활기록부의 내용과 잘 부합하는 자기소개서입니
다. 학교생활기록부에 드러난 학생의 특성과 장점에 맞는 전공 선
택과 그에 맞는 진로 계획이 수립된 자기소개서가 잘 쓴 자소서
라고 할 수 있습니다. 진로 계획에 따라 자신이 학업역량을 향상

시키기 위해 어떤 교과 활동과 어떤 비교과 활동을 수행했는지를 정리하는 것이 1번 문항에 드러나야 합니다. 3번에 쓴 자신의 진로 계획에 따라 1번의 학업역량이 더 명확하게 드러나고, 3번의 진로 계획에 따라 2번의 인성이 적합하게 기록된 것이 잘 쓴 자소서라고 할 수 있을 것입니다.

자기소개서는 문장을 잘 쓰거나 고사 성어나 어려운 학술 용어를 잘 활용하는 등의 잔재주가 중요한 글이 아닙니다. 소제목을 붙이거나 적절한 구성 방식을 취하거나 하는 문제가 중요하지 않습니다. 자기소개서는 학교생활기록부에 나타난 학생의 특성이 어떻게 학생 스스로의 문체를 통해 집약적으로 드러나고 있는지 확인하는 글입니다. 학교생활기록부만으로는 다 알 수 없는 특정 활동에 대한 세부적인 언급과 그에 대한 학생만의 경험이나 활동 전후의 차이점 등이 드러나는 글입니다. 아무리 문장이 뛰어나도 그 내용이 학교생활기록부와 어울리지 않는다면, 지원 전공과 무관한 글이라면 사실 별 소용이 없습니다.

글의 구성, 문장의 좋고 나쁨, 표현력의 차이 등은 부수적인 문제일 뿐입니다. 자기소개서를 읽고 평가하는 입학사정관들은 오랜 시간의 훈련을 통해 학교생활기록부를 읽고 그 안에 담긴 학생의 장점을 변별하는 능력을 기른 사람들입니다. 오랜 시간 동안 글쓰기 교육을 받은 사람들이 아닙니다. 따라서 글쓰기 능력에 몰입되어 자기소개서를 멋지게 쓰려고 노력할 필요는 없습니다. 오히려 너무 문장이 매끄럽고 고급스러운 어휘를 잘 사용한 자기소개서는 대필의 혐의가 짙어 의혹만 가중될 뿐 내용의 신뢰도는 덩달아 떨어지게 마련입니다.

📚 투박하지만 학교생활기록부와 짝이 맞는 자기소개서

투박한 글, 못생긴 문장이라도 상관이 없습니다. 더 중요한 것은 자기소개서가 학교생활기록부와 짝이 잘 맞는가 하는 문제입니다. 그 점에 더욱 집중하시기 바랍니다.

자기소개서는 학생이 쓴 글입니다. 그 글에서 학생의 풋풋함이 묻어나는 것은 괜찮고 지극히 당연한 일입니다. 자기소개서에서 마치 오십도 더 넘은 어르신의 그림자가 보인다면 그것은 바람직하지 않은 글이라 할 것입니다.

어떻게 문장을 읽고 학생의 글과 어르신의 글을 변별할 수 있느냐고 묻지 마십시오. 그 실제 사례를 들고 싶어도 모든 입시 자료는 비공개를 원칙으로 하므로 이곳에 드러낼 수 없다는 문제가 있습니다. 하지만 누가 읽어도 소설가의 문체가 다르고 일반인의 문체가 다르듯이 학생이 직접 쓴 자소서가 다르고 어른이 대필해준 자소서가 다릅니다.

그러니 너무 꾸미려고 애쓸 필요가 없습니다. 사교육 시장에

재화를 낭비해가며 자기소개서를 쓸 필요가 없습니다. 구성을 잘하기 위해서나 소제목을 멋지게 뽑기 위해 고민할 필요도 없습니다. 노력의 정도와 내용, 노력을 통한 자신의 변화 등이 명확해야 합니다. 가장 기본에 충실한 글이 가장 좋은 글이라고 생각하시면 되겠습니다.

이미 학교생활기록부에 기록된 '활동의 과정'을 다시 풀어서 설명할 필요는 없습니다. 그 활동이 정말 자신의 진로와 전공에 적합한 내용이어서 강조할 필요가 있다면 당연히 자기소개서에 써야 합니다. 하지만 중복된 표현을 쓰지는 마십시오. 학교생활기록부에 미처 자세히 언급하지 못한 숨은 부분을 쓰려고 노력하십시오. 학교생활기록부에는 활동의 결과만 기록되어 있다면 자기소개서에는 그 활동에 참여한 동기, 자신의 역할, 활동 전후의 변화에 집중하십시오.

학교생활기록부와의 상관성, 진로 및 전공과의 연관성, 표현 방식의 특성 등을 중심으로 잘 쓴 자소서와 잘 못 쓴 자소서를 개략적으로 정리해보면 〈표 9〉와 같습니다.

잘 쓴 자소서 vs 잘 못 쓴 자소서

항목	잘 쓴 자소서	잘 못 쓴 자소서
학교 생활 기록부 연관성	• 학교생활기록부 항목 중 자신의 장점이 드러난 부분을 잘 활용한 글 • 학교생활기록부에 드러난 특성이 효과적으로 집약된 글 • 학교생활기록부에 언급은 되어 있으나 자세한 서술이 없는 것을 풀어 설명한 글	• 학교생활기록부의 언급만으로는 이해할 수 없는 내용을 상세히 설명한 글 • 학교생활기록부에서 강점으로 보기 어려운 항목을 굳이 상세히 풀어서 쓴 글 • 학교생활기록부에 없는 내용을 자세히 정리한 글 • 학교생활기록부의 내용을 그대로 반복하여 굳이 쓸 필요가 없는 설명을 장황하게 늘어놓은 글
진로 관련 기록	• 자신의 진로가 1, 2, 3번에 일관되게 드러난 글 • 학교생활기록부에서 발견할 수 있는 진로가 뚜렷하게 드러난 글 • 진로에 대한 확신이 느껴지는 글 • 진로 계획 등이 매우 구체적인 글	• 자신의 진로가 불분명한 글 • 문항별 진로가 뚜렷한 연관성이 없는 글 • 진로에 대한 확신이 불분명한 글 (진로가 명확하지 않은 것은 겸손이 아님) • 진로 계획이 불분명하며 확신이 없는 글
전공 관련 기록	• 전공 관련 활동으로 일관된 글 • 학교생활기록부에서 발견할 수 있는 전공 관련성이 동시에 잘 드러난 글 • 지원 전공에 대해 오래 고민하고 준비한 흔적이 있는 글 • 지원 전공에 대한 이해를 바탕으로 쓴 글	• 전공 관련 활동이 아닌 것을 세세히 기록한 글 • 학교생활기록부의 전공 관련 활동이 아닌데 자신의 기억에 좋은 활동이라고 강조한 글 • 전공에 대한 이해가 부족한 글 • 전공에 대한 확신이 부족한 글
표현의 방법	• 자기소개서의 주인이 누구인지 선명하게 드러난 글 • 표현 방식이 학생의 글임을 뚜렷하게 알 수 있는 정직한 글 • 과도한 비유법이나 인용구 활용, 어려운 용어 등이 없고 쉽고 담백한 글	• 자신이 주인공이 아니라 학교, 교과 교사, 특정 교육 프로그램 등이 주인공으로 등장하는 글 • 표현 방식이 지나치게 세련되어 학생의 글이라고 확신하기 어려운 글 • 불필요한 비유, 상징, 고사 성어, 속담이나 격언의 인용, 어려운 학술 용어의 활용 등으로 허세가 가득한 글

144

4

자소서
준비 사항은?

📚 자기소개서에 써서는 안 되는 내용

자기소개서에 써서는 안 되는 내용들이 있습니다. 이미 잘 알고 있겠지만 공인어학성적 또는 수학·과학·외국어 교과가 명시된 외부 수상실적은 쓸 수 없습니다. 물론 해당 내용을 기록하여도 성적을 명시하지 않으면 0점 처리는 되지 않습니다. 예를 들어 "영어에 관심이 많아 토익 시험에 응시하여 940점을 받았습니다."라고 쓰

145

면 0점 처리되지만 "영어에 관심이 많아 토익 시험에 응시하여 우수한 성적을 거두었습니다."라고 쓰면 0점 처리 대상은 아닙니다.

하지만 0점 처리 대상은 아니어도 학생부 위주 전형의 취지가 사교육이 아닌 공교육을 중심으로 한 노력을 평가하기 위함이기 때문에 사교육 유발 요인이 큰 항목을 기재했을 경우 감점 처리할 수 있게 되어 있습니다. 그러니 공인어학성적이나 교과목이 명시된 외부 수상실적은 아예 언급하지 않는 것이 좋습니다.

학생부종합전형의 취지는 학교생활에 충실한 학생들이 내신 성적만으로 평가되지 않고 그들의 학교생활 전반에 대한 공정한 평가를 통해 대학에 입학하도록 하겠다는 것입니다. 따라서 자기소개서에는 절대로 사교육을 통한 성취나 사교육을 유발할 수 있는 언급 등을 해서는 안 된다는 사실을 명심하시기 바랍니다.

학생부종합전형은 당연히 학교생활기록부를 기반으로 합니다. 따라서 학교생활기록부에 기록되지 않은 내용을 자기소개서에 쓸 수 없습니다. 만일 학교 선생님이 실수로 생활기록부에 누락시킨 항목이 있다면 반드시 먼저 선생님의 확인을 거쳐 학교생활기록부를 수정한 후 해당 내용이 잘 기록되어 있는지를 확인한 다음에 자기소개서에 작성하셔야 합니다.

또한 블라인드 서류 평가가 도입됨에 따라 자기소개서에도 학교명, 자기 이름, 수험 번호, 부모나 친인척의 이름이나 직업명이나 직위 등을 쓸 수 없습니다. 이 부분을 무시하거나 깜빡 잊는 학생들이 너무 많아서 안타깝습니다.

다음과 같은 실수를 저지르지 않도록 특히 유의하시기 바랍니다.

- 저는 ○○고등학교의 명예를 빛낼 미래의 인재입니다(학교명을 쓰는 경우).
- "○○아, 넌 우리 반 과학 선생님이야."라는 칭찬을 받았습니다(자신의 이름을 쓰는 경우).
- "대학교에서 소프트웨어를 가르치시는 삼촌의 영향을 받아 일찍부터 코딩에 관심을 가지고…"(친인척의 직업이나 직위를 쓰는 경우)
- "자동차 부품 공장을 운영하시는 아버지께서는 기계의 중요성을 이렇게 말씀하시고…"(부모의 직업을 쓰는 경우)

📚 자기소개서 쓰기 위한 준비 사항

자기소개서의 내용을 잘 쓰기 위해 준비할 사항은 다음과 같습니다.

① 지원 전공과 연결할 수 있는 학교생활기록부 내용

자기소개서는 기본적으로 학교생활기록부를 근간으로 한 글입니다. 따라서 학교생활기록부의 각 항목에서 자신이 지원한 전공과 연결할 수 있는 내용들을 찾는 일이 중요합니다. 전공과 정확하게 일치하는 교과활동이나 비교과 활동이 있다면 좋은 일이지요. 그런 항목들이 많을수록 더 좋습니다. 전공과 연결할 수 있는 학생부 내용이 많이 발견된다면 그 학생은 전공적합성이 잘 맞는 전공을 선택한 셈입니다.

학생부에서 전공이나 진로와 직접적인 관련이 있는 활동이 부족하다면 앞서 말씀드린 것처럼 장점을 중심으로 정리하는 작업을 해보기를 권합니다. 자신의 학생부에 드러난 장점이 무엇인지 정리해보고 그 장점들을 연결해서 어떤 전공과 연관성이 많은지를 찾는 작업을 해보시기 바랍니다. 학교 교육과정에서 일어나는 모든 교육활동은 반드시 대학 전공과 연관성을 가질 수밖에 없습니다. 우리 교육과정의 탄탄한 구조를 신뢰하시기 바랍니다.

② 전공 관련 진로와 연결할 수 있는 학교생활기록부 내용

전공 학과와 직접적인 연결 고리가 없는 활동이라 해도 진로와는 관련성이 있을 수 있습니다. 멘토링 활동을 꾸준히 한 학생이라면 다른 사람을 돕는 마음의 준비가 되어 있는 학생입니다. 교과 학습 관련 멘토였다면 해당 교과 관련 애정과 관심과 지적 능력이 있다는 의미입니다. 그렇다면 그 교과 관련 전공이 어떤 것이 있는지 확인하면 됩니다. 특히 교과뿐만 아니라 멘토로서의 특

성을 가진 전공을 찾으면 더 좋을 것입니다.

이런 일련의 작업을 위해서 반드시 담임교사, 진로상담 교사와 상담을 해볼 것을 권합니다. 자신의 진로나 지원 전공과 관련해서 혼자 고민하고 친구와만 상담하지 말고 더 넓은 지원 세력을 확보하시기 바랍니다. 선생님들을 통해서 더 많은 진로 및 전공 관련 정보를 얻을수록 학생부종합전형 합격 가능성이 높아진다고 생각하시면 됩니다.

③ 지원 전공 관련 교육과정이나 지원 대학의 교육 프로그램 중 진로와 연결 가능한 정보

자신이 지원하려는 전공 학과가 명확하다면, 또는 지원하고자 하는 대학이 확정되었다면 해당 학교나 학과의 교육과정이나 교육 프로그램 등을 확인하는 것도 중요한 단서가 될 수 있습니다. 어느 대학은 해외 교육 프로그램을 운영하는 곳도 있습니다. 어느 학과에서는 정기적으로 외국과의 교류를 지속하는 학과도 있습니다. 그런 교육 프로그램들이 자신의 활동과 어떤 연관성이 있는지 확인해보시기 바랍니다.

이런 일련의 정보를 얻기 위해 앞서 알려드린 것처럼 해당 대학 입학처 홈페이지, 대학 공식 유튜브, 대입 정보 포털 등의 자료를 꼼꼼하게 활용하시기를 바랍니다.

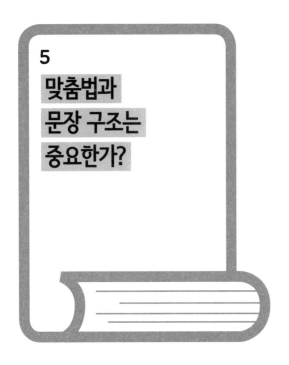

5

맞춤법과
문장 구조는
중요한가?

📚 국어 맞춤법은 신뢰도다

멋진 옷을 입은 연예인 같은 외모의 사람이라 해도 그 입에서 욕만 나온다면 그 사람에 대한 신뢰나 호감은 급격히 떨어질 것입니다. 글에서 맞춤법은 그런 역할을 한다고 생각하시면 됩니다. 문법에 맞지 않는 글 역시 마찬가지입니다. 자기소개서가 아무리 학생의 글이라고 해도 풋풋함과 문법에 맞지 않는 글은 전혀 다른 차원의 문제입니다.

자기소개서에서 맞춤법은 중요합니다. 어법에 잘 맞는 문장 역시 중요합니다. 그것은 전체 내용의 신뢰도를 떨어지지 않게 하는 안전장치와도 같습니다. 문장이나 단락의 구조 역시 마찬가지입니다. 지나치게 긴 문장, 안은문장과 이어진 문장이 반복되어 혼란스러운 문장은 그 글을 읽는 사람의 주의력을 흩어지게 만들어 올바른 평가를 방해하는 요소가 됩니다.

자기소개서에 맞춤법에 맞지 않는 단어를 썼다거나 문장이 어법에 맞지 않는다고 감점을 하지는 않습니다. 하지만 그런 오류가 반복되면 그것은 글에 대한 신뢰를 급격하게 떨어뜨리는 요소가 됩니다. 멋진 옷을 입고 욕을 하는 사람을 믿을 수 없는 것과 마찬가지이지요. 그러니 자기소개서에서 맞춤법이나 문법을 고려하는 작업은 필수적인 요소입니다. 자신이 쓴 글이 맞춤법에 잘 맞는 글인지, 어법에 맞는 글인지를 확인하는 작업은 필수적입니다. 문제는 그런 작업을 위해 다른 사람에게 자기소개서를 검토해달라고 부탁하는 경우에 발생합니다.

어떤 학생은 선생님에게 자기소개서 검토를 의뢰했는데, 그 선생님이 학생의 자기소개서를 다른 학생에게도 보여주어 유사도 검색에 걸려 표절 심의 대상이 된 적이 있습니다. 어떤 선생님은 친절하게 학생들의 자기소개서를 일일이 수정해주었는데 그 선생님의 동일한 문체가 다른 학생의 자기소개서에서도 발견되어 역시 표절 심의 대상이 되기도 했습니다. 어떤 학생은 사교육에 의존해서 자기소개서를 작성했는데 학원 선생님이 예전에 유명 대학에 합격한 학생의 자기소개서 내용을 그대로 인용하여 표절 심의에 걸리기도 했습니다.

📚 표절하지말기

표절은 심각한 문제입니다. 각 대학마다 표절을 대응하는 방식에 약간의 차이가 있기는 하지만 대교협에서 엄격하게 제안한 표절 심의 규정은 명확합니다. 대교협에서 제공하는 유사도 검증 가이드라인에 따르면, 검증 결과 유사도 5% 미만은 A수준, 5~30% 미만은 B수준, 유사도 30% 이상은 C수준으로 구분하고 있습니다.

그리고 B수준과 C수준의 경우는 반드시 소명 절차를 거치게 되어 있습니다. 대학에 따라서는 유사도 검증 기준을 더 엄격하게 적용하여 1% 이상의 모든 내용에 대해 표절 심의를 진행하기도 합니다. 참고로 2020학년도 수시 전형에서 자기소개서 1,382건 중에서 유사도 수준이 B수준 이상인 학생들의 불합격률은 95.72%였습니다. 표절이 드러난 경우 합격하기 어렵다는 뜻입니다.

표절을 예방하기 위한 가장 좋은 방법은 다른 사람에게 자신의 글을 보여주지 않는 것입니다. 스스로 자신의 글을 고치고 읽고 다시 고치는 작업을 반복하는 것이 좋습니다. 또 하나의 방법은 다른 사람의 자기소개서를 읽지 않는 것입니다. 저는 예전에 자기소개서 작성에 대한 책을 쓰면서 모범 예문을 제시하지 않았습니다. 입시 자료 비공개 원칙도 있었지만 자칫 모범 예문이라고 공개하게 되면 다수가 그 문장을 따라 쓰는 사태가 발생하여 유사도 검증 결과만 복잡하게 될 우려가 있어서 그렇기도 했습니다.

사람의 심리는 다 비슷합니다. 좋은 것을 보면 따라하고 싶어 합니다. 문장 역시 마찬가지입니다. 유명 대학에 합격한 학생의 자기소개서라고 하면 따라 써보고 싶은 욕심이 생길 수밖에 없습니다. 그렇게 되면 다시 표절 대상자로 심의에 걸릴 우려가 큽니다. 그런 사태를 막기 위해서라도 아예 모범 예문을 읽지 않는 것이 좋습니다. 좋은 글의 모범은 이미 국어 교과 시간에 다 배웠습니다. 여러분의 왕성한 독서 활동을 통해 다 학습한 것이기도 합니다. 그러니 좋은 자기소개서를 찾아 읽으려고 노력하지 마십시오. 자신의 글을 굳이 남에게 읽혀 검증을 받으려 하지도 마십시오. 여러분 자신의 학업 역량은 이미 스스로의 글을 읽고 확인하고 수정하는 데 조금도 부족하지 않다고 생각하시기 바랍니다.

그럼에도 여전히 자신의 글에 대한 불신과 불안은 남아 있습니다. 맞춤법이나 비문(문법에 맞지 않는 문장)에 대한 염려 역시 남아 있습니다. 그런 것을 없애는 가장 좋은 방법은 하루아침에 이루어지지 않습니다. 그 노력 역시 오랜 준비 절차와 누적된 노력이 필요합니다. 그것은 바로 독서입니다. 책을 많이 읽으십시오. 이미

Chapter 4 합격 면접 2단계 : 항상 준비해야 할 자기소개서

이 글 초반부터 입시 준비는 고등학교 1학년부터라고 이야기하고 있습니다. 고등학교 1학년부터 책을 읽고 글을 쓰는 일을 게을리하지 마십시오. 그 누적된 자신의 역량과 힘이 결국 자기소개서를 자신만의 글로 만드는 힘으로 드러날 것입니다. 그리고 그 힘이 면접에서 월등한 성적을 얻어낼 수 있는 내공을 길러줄 것입니다.

📚 맞춤법 지키기와 비문 벗어나기

참고로 맞춤법이나 비문에서 벗어나기 위한 몇 가지 조언을 드리자면 다음과 같습니다.

① 글을 쓸 때 반드시 국어사전을 확인하면서 씁니다.
이것은 단어의 정확한 의미를 변별하기 위해서도, 띄어쓰기 등의 규칙을 확인하기 위해서도 중요합니다.

② 문장은 가급적 짧게 쓰려고 노력합니다.
이어진 문장을 애써 쓰려고 하지 마십시오. 안은문장도 피하려고 노력하세요. 짧은 문장에서 큰 오류가 생기기는 어렵습니다.

③ 어려운 말을 쓰지 않으려고 노력합니다.
잘 모르는 단어, 한자어, 외래어, 학술적인 용어, 당시 유행하는

신조어 등을 굳이 쓰려고 하지 마십시오. 그런 단어를 사용한 글은 일시적으로는 참신하게 보일지 몰라도 글 전체의 흐름을 해치는 요소가 됩니다.

④ 같은 표현을 반복하지 않도록 주의하세요.

사람들은 누구나 나에게 익숙한 표현이나 문장을 편하게 쓰려는 경향이 있습니다. 자신에게는 편한 표현이 될 수 있으나 읽는 사람에게는 지루한 글이 될 확률이 높습니다.

⑤ 글을 쓰고 나면 소리 내어 읽어봅시다.

뭔가 이상하거나 편하게 읽히지 않는 문장, 호흡이 고르게 진행되지 않는 부분이 있다면 다시 한 번 확인해봐야 합니다. 말과 글은 완전히 분리되어 존재하지 않기 때문입니다.

⑥ '고쳐쓰기'는 아무리 반복해도 부족하지 않습니다.

글을 쓰고 나서 읽고 고쳐 쓰는 과정을 여러 번 반복하기 바랍니다. 글은 바로 고쳐 쓰지 말고 조금 묵혀뒀다가 다시 꺼내 읽고 고치는 과정을 반복해야 좋습니다.

⑦ 우리말을 자주 듣고 우리글을 자주 읽는 습관을 기르십시오.

우리말과 글을 자주 듣고 읽는 습관을 위해서는 번역서보다 우리나라 사람들이 쓴 글을 자주 읽는 것을 권합니다. 번역서 중에서는 아주 좋지 않은 문장을 습관적으로 쓰는 경우들이 종종 발견됩니다. 잘 알려진 번역서가 아닌 경우에 특히 더 그렇습니다. 우리글, 우리말에 친숙해질 필요가 있습니다.

⑧ 다양한 글을 읽는 훈련을 하십시오.

소설, 시, 수필, 희곡, 논설 등 다양한 장르의 글을 읽으십시오. 교과 시간에 어느 작가의 글을 배웠다면 그와 관련한 다른 글들을 찾아 읽는 것을 습관화하면 좋습니다.

⑨ 다양한 글을 쓰는 훈련을 하십시오.

일기를 쓰는 것이 가장 좋습니다. 일기를 쓰기 싫거나 어렵다면 다른 글을 써도 좋습니다. SNS를 이용한 짧은 글을 꾸준히 쓰거나, 자신만의 블로그를 만들어 다양한 글을 쓰는 훈련을 해보세요. 그런 모든 과정들은 글쓰기 근육을 키우는 아주 좋은 방법입니다.

⑩ 주변에서 만나는 모든 문장에 관심을 기울이세요.

등하교 시간에 만나는 간판, 버스나 지하철에 있는 광고문, 학교 앞에서 건네받은 광고지, 학교 벽에 걸려 있는 각종 소식들, 친구에게 받은 문자나 편지나 쪽지, 인터넷에서 만난 사소한 문장 하나에 관심을 기울여보세요. 그런 글들이 잘 쓴 글인지 아닌지 확인하고 점검하는 작업을 해보세요. 평소에 문장에 기울이는 작은 관심 하나가 결국 자기소개서의 글을 탄탄하게 만드는 힘이 됩니다.

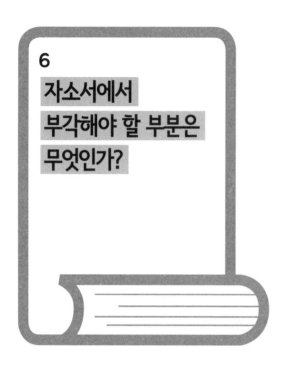

6

자소서에서 부각해야 할 부분은 무엇인가?

명칭만 보면 자기소개서는 자기를 소개하는 글입니다. 그렇다고 무턱대고 자기소개를 할 수만도 없는 글입니다. 제한 사항도 많습니다. 금지사항도 많습니다. 특히 자기소개서 쓰기가 어렵다고 느껴지는 이유는 이것이 평가를 받는 글이기 때문입니다. 게다가 평가 결과가 투명하게 공개되지도 않습니다. 누가 어떤 글을 써서 몇 점을 받게 되었다거나 어느 항목에서 점수가 깎였다는 기준이 정확하게 제시되지 않았습니다. 게다가 대학마다 보는 기준도 약간씩 다르다고 합니다. 논술전형은 모범답안이라도 제시하고 있지만 자기소개서는 모범답안조차 없습니다. 물론 모범답안이 있을 수가 없지요. 개별적인 상황이나 기록이 다 다른 상황에서 일률적인 모범답안은 나올 수 없기 때문입니다.

그렇다면 이 혼란의 와중에서 자기소개서를 쓸 때 특별히 신경을 써야 할 부분은 무엇일까 궁금합니다. 물론 이 궁금증에 대해서도 정확한 답은 존재하지 않습니다. 다만 현재까지 학생부종합전형 평가 작업에 참여한 사람으로서 몇 가지 중요하게 생각할 부분을 제안할 수는 있습니다.

📚 첫째, 자기소개서에서는 '나'를 드러내야 합니다.

학교 자랑을 하려는 학생들이 많습니다. 물론 그 순수성은 충분히 이해합니다. 학교에서 받은 교육적 혜택에 대한 감사의 마음도 이해합니다. 하지만 자기소개서는 학교 소개서가 아닙니다. 학교의 특색이나 교육 프로그램 소개에 많은 분량을 할애하지 않도록 조심하셔야 합니다. 마찬가지로 특정 교과 수업 시간의 특징이나 해당 교과 선생님의 수업 방식 등을 소개하는 학생들도 있습니다. 어떤 교과의 어떤 수업이 나에게 어떤 영향을 주었는지를 설명하는 일이 필수적이라면 어쩔 수 없는 일이지만 글의 초점이 해당 교과나 교사에게 집중되어서는 안 됩니다. 어떤 학생들은 학교 비교과 프로그램의 하나인 축제에 대한 설명, 축제의 내력, 지역사회에 끼친 영향력 등을 언급하느라 자기소개서의 상당 부분을 소모하는 경우도 있습니다.

자기소개서는 글자 그대로 '자기'를 소개하는 글이 되어야 합니다. 모든 글의 주인공은 다른 사람이나 기관이 아닌 '나' 자신입니다. 자신이 주인공이 되는 글을 쓰도록 노력해야 합니다.

나를 낮추고 남을 높이는 일, 상대를 높이기 위해 나를 낮잡아 이르는 일들이 예의바른 것으로 인정받는 사회이긴 합니다만 우리는 지금 입시를 치러야 하는 중요한 관문에 서 있습니다. 겸양의 미덕이나 겸손의 예절을 실천하는 일은 다른 장소에서 얼마든지 할 수 있습니다. 자기소개서에는 자신이 주인공이 되어야 한다는 사실을 기억하십시오. 물론 그렇다고 해서 교만 방자한 글을 쓰라는 것이 아닙니다. 어떤 활동, 어떤 과정을 쓰더라도 그 행위의 중심에는 '나'가 드러나야 한다는 뜻입니다. 학교나 선생님이나 친구를 소개하는 일에 소중한 공간을 허비하지 않도록 유의하십시오.

📚 둘째, 자기소개서는 '구체적으로' 기록해야 합니다.

학교생활기록부의 기록이 구체적이지 않은 경우에 평가자들은 자기소개서를 기대하게 됩니다. 진로나 전공 관련 활동이 명백해 보이는 경우에 특히 그렇습니다. 이 과목의 이 활동은 진로에 적합해보이는데 그와 관련한 교사의 서술이 그리 친절하지 않은 경우에 평가자들은 자기소개서를 기대하게 됩니다. 이 내용이 중요해보이는데 자기소개서에는 뭔가 더 친절한 기록이 있지 않을까 하는 기대를 합니다. 그러나 자기소개서에 그와 관련한 기록이 아닌 다른 기록이 있거나, 그 내용에 대한 서술이 부실한 것으로 그쳐버리면 무척 실망스럽습니다.

앞에서 했던 작업을 통해 학교생활기록부에서 진로나 전공과 관련한 강점을 뽑아놓은 중요 소재들을 자기소개서에 쓸 경우에는 구체적으로 쓰는 것이 좋습니다. 자신이 주인공이 된 구체적인 서술은 신뢰를 확보할 수 있는 좋은 방법이기 때문입니다. 그리고 그런 내용은 결국 면접 질문과도 연결될 수 있기 때문에 더욱 친절한 서술이 필요합니다.

셋째, 자기소개서는 '일관성'이 있어야 합니다.

어느 글이나 다 마찬가지겠지만 일관성이 있어야 좋은 글이 됩니다. 처음에 언급한 내용이 전공적합성이라면 그 적합성이 시종일관 유지되는 서술이어야 합니다. 전공적합성을 언급하기 위해 시작한 글이 뒤로 갈수록 인성 중심의 서술로 바뀌거나 활동 자체의 교과 특성을 설명하는 글로 바뀌는 경우를 자주 만났습니다. 특히 자기소개서 1번의 경우 진로 관련 교과 및 비교과 활동을 기록해야 하는데도 인성이나 기타 역량을 부각하는 서술로 변모하는 경우가 있습니다. 각 문항이 요구하는 바에 초점을 놓치지 않으면서 글 내부적으로도 일관성을 유지하는 글이 되도록 집중해야 합니다.

전체적으로 자기소개서는 일관성 있는 글, 자신의 활동을 구체적으로 서술하는 글, 누구보다 자기 자신을 명확하게 드러내는 글이 되어야만 합니다.

7

입학사정관은 자소서에서 무엇을 보는가?

전국에 있는 모든 입학사정관을 대상으로 확인하기 전에는 답하기 어려운 질문입니다. 하지만 큰 원칙은 있습니다. 단순하게 답하자면 입학사정관은 자소서에서 마땅히 보아야 할 것들만 봅니다. 자기소개서에서 보아야 할 것들은 대학의 평가 기준에 따라 약간씩 다를 것입니다. 하지만 우리는 지금 면접이라는 최종적인 전형 요소를 파악하기 위한 과정을 걷고 있는 만큼 그것을 중심으로 논의를 진행하면 좋겠습니다. 학생부종합전형에서 궁극적으로 면접 평가를 해야만 하는 평가자인 입학사정관은 자기소개서에서 무엇을 보려고 할까요? 크게 두 가지로 나누어 설명할 수 있을 것 같습니다.

📚 첫째, '학교생활기록부에서 확인하지 못한 것'을 확인하고자 합니다.

지금처럼 학생부종합전형이 아닌 입학사정관전형이라고 불리던 초창기에는 학교생활기록부의 내용이 질서가 없는 편이었습니다. 내용 자체도 매우 부실했습니다. 그 시절의 입학사정관이라면 누구나 인정할 수밖에 없는 사실입니다. 당시에 학교생활기록부는 그저 학생의 고등학교 과정을 누적 기록한 것일 뿐 입시를 위한 자료로 활용되지는 않았으니까요. 내신 성적 외에 중요한 것이 없던 시절이었습니다. 그 때는 자기소개서를 중심으로 평가를 진행할 수밖에 없었습니다. 학교생활기록부에 읽을 수 있는 것이 변변히 없는 학교가 많았습니다.

지금은 상황이 반대로 바뀌었습니다. 학교생활기록부는 눈부신 변화와 발전을 거듭했습니다. 누구도 학교생활기록부의 내용을 불신할 수 없도록 발전했습니다. 그 변화와 발전에는 고등학교 선생님들의 말로 다할 수 없는 고통이 바탕이 되고 있습니다.

그 많은 학생들의 기록을 개별적으로 기록하기 위해 얼마나 고생이 많으실지 생각만 해도 안쓰럽기 그지없습니다. 서류평가 시스템이 잘 개발되어서 같은 학교에서 지원한 학생들의 학교생활기록부는 비교 검색이 가능합니다. 예전에는 동일한 내용의 서술이 지배적이었다고 한다면 지금은 유사도 비율이 많이 낮아진 것을 확인할 수 있습니다. 같은 교과 수업에서도 참여한 학생들의 활동내용을 개별적으로 기록하기 위해 선생님들이 많이 노력하고 있다는 증거입니다.

학교생활기록부 기록의 발전과 더불어 입학사정관들이 해당 내용에 보내는 신뢰도 역시 매우 높아졌습니다. 예전과 달리 학교생활기록부로 학생들을 판단하고 평가하는 일에 확신이 더 생겼다는 의미입니다. 자기소개서를 보고 학생부를 보조 자료처럼 활용하던 시대는 갔습니다. 이제 학교생활기록부를 면밀히 읽어보고 그 보조 자료로 자기소개서를 활용하고 있습니다.

사람이 하는 일에는 늘 오류나 실수가 있게 마련입니다. 아무리 잘 기록한 학생부라고 해도 선생님도 사람인 이상 실수할 수 있고 뭔가 놓칠 수도 있지요. 그런 부분을 확인하는 절차로 자기소개서에 집중한다고 보시면 되겠습니다. 학교생활기록부에서 미처 확인하지 못한 것이 있다면 자기소개서에서 확실하게 보충하기를 원하는 것입니다.

학생이 지원한 전공과 관련해서 학교생활기록부에 무척 의미 있는 수상이라고 생각한 항목이 있는데, 그 내용을 구체적으로 확인할 방법이 없다면 자기소개서에 기대할 수밖에 없습니다. 물론 그런 내용이 자기소개서에 있다면 다행스러운 일이지만 그렇지 않은 경우에는 면접이 기다리고 있으니 안심하게 됩니다. 무척 성실한 학생인 것 같은데 아무런 특이사항 없이 질병 결석이 너무 많고 잦은 학생이라면 그에 대한 언급이 자기소개서에는 없는지 확인하고 싶어 할 것입니다. 이런 모든 것들은 학교생활기록부 모든 항목마다 다 존재할 수 있는 일입니다.

학교생활기록부에서 뚜렷하게 발견하지 못했으나 꼭 확인하고 싶은 내용이 바로 입학사정관이 자기소개서에서 읽고 싶은 부분이기도 합니다.

📚 둘째, '학교생활기록부에서 확신한 것'을 확인하고자 합니다.

학교생활기록부를 읽다 보면 학생의 특성이 뚜렷하게 보이는 경우가 많습니다. 안타깝게도 학생부 전체를 다시 읽어보아도 특성이 명확하게 드러나지 않는 경우도 있기는 합니다. 하지만 보편적으로 학생부종합전형으로 지원하는 학생들의 학생부 내용은 일정한 특징이 있습니다. 자신의 진로와 적성을 찾기 위한 학생의 노력 과정이 일관되게 잘 드러난다는 점입니다. 학생부만 읽어도 이 학생은 어떤 진로를 원하는지, 그 진로를 택하고 그 길을 걷기 위해 어떤 전공을 선택한 것인지 잘 드러나는 경우들이 많습니다.

하지만 사람의 일은 늘 부정확하고 입시는 늘 점검이 필요한 과정의 반복이라는 점에서 입학사정관들은 자신의 생각과 판단을 냉정하게 점검하는 단계를 거치게 됩니다. 그런 자기 확인의 과정에 큰 도움을 주는 것이 자기소개서입니다. 평가자의 시선으로 학교생활기록부를 점검한 후 자신이 확신한 내용을 보증할 수 있는 기회를 자기소개서를 통해 얻고자 하는 것입니다.

따라서 학교생활기록부와 자기소개서는 필연적으로 함께 움직이는 서류가 될 수밖에 없습니다. 학교생활기록부에서 미처 확인하지 못한 부분을 보완하는 서류가 자기소개서이며, 학교생활기록부에서 확실하게 확인한 것을 다시 한 번 입증해주는 서류가 자기소개서입니다. 그리고 이 두 서류의 긴밀한 상관성은 면접 평가의 과정에서 다시 한 번 보증의 과정을 거치게 됩니다.

이렇게 보면 학생부종합전형은 누차에 걸친 평가와 확인의 과정, 자기반성과 자기비판의 과정을 반복하여 평가의 오류를 최대한 줄이고 공정하고 객관적인 평가 결과를 이끌어내는 매우 합리적이고 이성적인 평가 방식이라 할 수 있습니다. 단 한 번의 시험으로 결과를 도출하는 방식보다 훨씬 체계적이고 안정적인 평가 방식이라고 할 수 있습니다.

입학사정관은 학생부에서 읽어낸 내용을 스스로 점검하고 확인하고 검증할 수 있는 자체적인 과정으로 자기소개서를 활용한다고 생각하면 되겠습니다.

🏛️

이제야 겨우 이 글이 본래 말하고자 하는 본론에 들어온 것 같습니다. 우리는 대학 입시에서 아주 작은 부분인 수시 모집, 수시 모집 중에도 아주 작은 부분인 학생부종합전형, 학생부종합전형에서도 아주 사소한 부분인 면접, 면접 중에서도 서류 기반 면접을 화두로 이야기를 전개해왔습니다. 면접이라는 사소한 전형 요소 하나를 흔들어 입시 전체를, 우리 고등학교 교육 전반을 움직이는 큰 그림을 그리기 위한, 어떻게 보면 터무니없는 시도를 하고 있는 것이 이 글입니다. 하지만 시작을 했으니 끝을 봐야겠다는 심정으로 면접이라는 작은 전형 요소 하나가 어떻게 우리 교육 현장을 변화시킬 수 있는지에 대해 이야기해볼까 합니다.

면접은 기본적으로 말하기를 기반으로 합니다. 정확하게 말하면 듣기와 말하기입니다. 하지만 서류 기반 면접은 학교생활기록부와 자기소개서를 기반으로 하고 있습니다. 학생부와 자소서는 모두 고등학교 생활 전반에 대한 종합적 기록물의 성격을 가지고 있습니다. 그러니 면접 하나가 결국 고등학교 교육 전체에 두루 영향을 미치는 요소가 된다고 볼 수 있습니다. 면접이 이렇게 중요하다면 우리는 이것을 어떻게 잘 준비할 수 있을까요? 면접 준비를 위해 별도로 학원을 다닐 필요는 없습니다. 이미 잘 갖춰진 교육시설인 고등학교가 면접 준비에 탁월한 시설이라는 것을 알아야 합니다.

지금부터 면접 준비를 언제 어떻게 할 것인지에 대해 세부적으로 안내해드리겠습니다.

Chapter 5

합격 면접 3단계 :
말하기
훈련

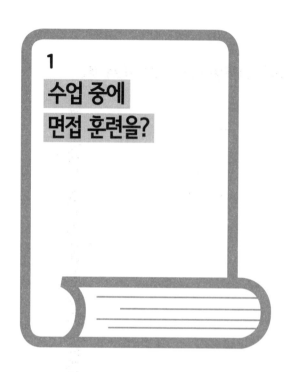

1

수업 중에
면접 훈련을?

📚 교과 수업 시간을 활용하자

면접 준비는 일반적인 교과 수업 시간을 활용해서 충분히 할 수 있습니다. 지금 학부모님들은 예전 학교생활을 모범으로 삼고 있을 겁니다. 학생들은 단정한 자세로 자기 자리에 앉아 있습니다. 수업종이 울리면 선생님이 들어오시죠. 반장이 일어나서 예를 표하고 나면 수업이 시작됩니다. 학생들은 조용하고 예의바른 자세로 앉아서 선생님의 수업을 잘 들어야 합니다. 선생님께서 하시는 말씀 하나하나를 놓치지 않고 열심히 필기하는 것은 기본입니다. 그렇게 열심히 필기를 하며 강의를 듣다 보면 한 시간이 훌쩍 지납니다. 그럼 쉬는 시간에 다음 수업 준비를 또 해야 하지요. 이것이 지금 학부모 시대의 일반적인 교실 풍경이었습니다.

2021년의 교실은 어떻게 달라졌을까요? 저는 오래 전에 국어 수업을 하면서 〈허생전〉을 가지고 모의재판 수업을 한 적이 있습니다. 〈허생전〉에 나타난 허생이라는 인물의 다양한 특성을 재판이라는 형식을 빌려 논박하는 수업을 해봤습니다. 어떤 학생은 허생의 변호를 맡기도 했고, 어떤 학생은 검사가 되기도 했습니다. 소설 속 상황을 연출하기 위해서 재판정에서 잠시 짤막한 상황극을 구성해보기도 했습니다. 수업을 진행하는 내내 교실은 시끌벅적했고, 끝나고 나서도 조용하지 않았습니다.

어떤 학생은 허생이 가정에 소홀한 측면을 공격하기도 했고 어떤 학생은 허생이 빈민을 구제한 부분을 옹호하기도 했습니다. 이 수업의 결론은 없습니다. 허생이 죄가 있는지 없는지를 따지려는 수업이 아니었기 때문입니다. 이 수업의 결과를 두고 허생의 유죄 여부를 묻는 시험문제를 출제한 적도 없습니다. 하지만 그때 수업에 참여한 학생들은 여전히 그 수업을 기억하고 있습니다. 시험에 나온다고 해서 중요하게 외우고 교과서에 밑줄을 치던 시절은 지났습니다. 아직 2000년이 되기도 훨씬 전의 일입니다. 그럼

2021년의 지금 교실은 어떻겠습니까?

학생들은 더 이상 수업의 방관자가 아닙니다. 교사가 수업을 주도하고 판서를 점령하고 일방적으로 지식만 주입하던 시대는 지났습니다. 교사의 권위가 수업시간의 장악력으로 입증되던 시절은 이미 오래 전에 끝났습니다. 학생들은 일방적으로 지식을 전달받는 객체가 아니라 수업을 주도하고 주관적으로 움직이는 주체입니다. 학생들은 스스로 생각하고 능동적이고 비판적인 시각으로 판단합니다. 교사는 학생들의 그러한 학업역량이 극대화되도록 협력하는 조력자의 역할, 학생의 학업역량을 증대하도록 협조하는 역할, 올바른 판단력과 사고력을 세워갈 수 있도록 안내하고 조언하는 역할, 학생의 역량을 최대한 끌어올릴 수 있는 수업 환경을 마련하고 조성하는 설계자의 역할 등을 합니다.

그런 모든 과정이 수업 시간에 일어나게 된다면 학생의 면접 역량은 자연스럽게 강화될 수 있을 것입니다. 학생은 수업 시간에 조용히 침묵만 하는 객체가 아니기 때문입니다. 만일 학생이 참여하는 수업이 활기가 없고, 교실은 침묵만을 유지한 채 복도에서 오직 선생님의 낭랑한 목소리만 들려온다면 그 수업은 살아 있는 수업이라 보기 어려울 것입니다. 교실은 생명력이 넘치는 교육 공간이 되어야 합니다. 그리고 그렇게 되도록 교사, 학생, 학부모가 함께 노력해야만 합니다.

살아 있는 수업을 만들기 위해 가장 먼저 노력해야 하는 것은 당연히 교사입니다. 하지만 교사를 그렇게 움직이는 것은 학생입니다. 만일 여러분의 수업시간이 절간처럼 조용하다면 더 이상 침묵에 굴복하지 마십시오. 침묵으로 일관된 수업은 학생들만이 아니라 교사와 학교와 교육 전체를 죽이는 치명적인 독소입니다.

교사든 학생이든 생명력이 넘치는 수업이 되도록 주도하는 일이 중요합니다. 그것은 수업을 살리고 학생을 살리는 길이 되기 때문입니다. 수능 시험 성적을 잘 얻도록 가르치는 수업이 좋은 수업이라고 생각하는 학생들은 학교에 다닐 필요가 없습니다. 그런 학생들은 지금이라도 당장 자퇴를 하고 학원에 등록하는 것이 더 정직하고 빠른 길이 되겠지요.

교과 수업이 살아나도록 힘쓰십시오. 그러기 위해서 학생들이 할 수 있는 가장 기본적인 사명은 '질문을 하는 것'입니다. 선생님의 수업이 강의식으로만 구성된 수업이라면 더 심각하고 절실하게 질문하십시오. 매 수업 시간에 반드시 질문을 하겠다는 강박에 사로잡혀도 좋습니다.

📚 수업시간에 하는 질문은 유익한 점이 있습니다.

① 수업시간에 능동적으로 참여하게 됩니다.

매 수업시간에 질문을 하려면 수업에 집중해야 합니다. 자신이 무엇을 모르고 무엇을 새롭게 알게 되었는지 점검하게 됩니다. 모르는 것에 대해 고민하고 더 알고자 노력하게 됩니다. 이미 알고 있는 사실이 정말 그대로의 사실인지 검증하기 위해 더 공부하게 됩니다. 이런 식으로 질문은 결국 질문한 사람 자신을 향상시키는 유용한 교육 방법이 됩니다. 질문하는 것을 두려워하지 마십시오. 교과와 관련하여 내 입으로 직접 말하는 행위를 중단하지 마십시오.

② 교과에 대한 관심과 열정을 불러옵니다.

쓸데없는 질문이 아닌 이상 모든 질문은 교과 내용에 대한 것이 됩니다. 질문을 하기 위해서는 그 교과에 대해 더 깊이 분석하는 작업을 해야만 합니다. 그렇게 되면 스스로 학습하는 훈련이 될 것입니다. 단순히 문제를 풀기 위한 공부가 아니라 그 교과의 본질에 접근하는 공부가 될 수 있습니다. 이것을 알기에 오래 전부터 우리 조상님들은 질문하고 답변하는 방식의 토론식 강의에 익숙해왔습니다. 현대로 오면서 잘못된 교육문화로 인해 이런 활기찬 수업이 폐쇄되어버린 경향이 많습니다. 이제 교육과정 개정과 함께, 또한 학생부종합전형 등장과 함께 살아 있는 교과 수업의 부활을 기대해보아야 합니다.

③ 교과 선생님과 유대감을 형성하게 됩니다.

교과 수업 시간에 자꾸 질문을 하게 되면 선생님과 친밀하게 됩니다. 어떤 선생님도 질문하는 학생을 싫어하지 않습니다. 질문을 많이 한다고 해서 그 학생을 멀리한다면 교사의 자질이 없는 것이지요. 질문은 선생님과 학생을 동시에 성장하도록 돕는 놀라운 힘을 가지고 있습니다. 교과 선생님에게 질문을 꾸준히 한 학생은 결국 교과 세특에도 더 상세한 기록물을 남길 수 있는 의도치 않은 부산물도 얻을 수 있습니다. 이것은 자기소개나 면접을 위해 유용한 자료가 되겠지요.

④ 교과 관련 말하기와 듣기 훈련을 할 수 있습니다.

교과에 대한 질문은 해당 교과에 관한 말하기와 듣기 훈련에 좋습니다. 이것이 꾸준히 누적된다면 나중에 면접 평가에서 유사한 상황에 직면했을 때에도 당황하지 않고 답변할 수 있게 됩니다. 면접 질문은 상당 부분 전공적합성에 치중되어 있을 확률이 높습니다. 전공적합성 또는 계열적합성은 결국 그 학생이 지원 전공에 대해 얼마나 관심과 열정이 있는지, 학업역량이 어느 정도인지를 측량하는 평가 항목입니다. 평소 관련 교과에 대해 질문하고 답변하는 일을 꾸준히 해온 학생이라면 면접 질문에 대해 당황하지 않고 자연스럽게 답변할 수 있는 저력을 갖게 될 것입니다.

⑤ 예의를 갖춘 말하기 연습을 자연스럽게 하게 됩니다.

면접관들은 모두 어른들입니다. 학생이 학생을 면접하는 일은 없지요. 면접을 하는 사람들은 해당 학과 교수와 입학사정관으로 구성되어 있습니다. 모두 평가를 담당하는 사람들입니다. 그 사람 개인의 성향과 상관없이 평가에 참여하는 사람들은 평가의 순간 매우 보수적인 성향을 띠게 마련입니다. 평가라는 행위가 가진 그 스스로의 성향이 그렇기 때문입니다. 객관적인 시각으로 엄정한 기준에 따라 평가를 하겠다는 태도는 평가자를 보수적인 인성을 가진 존재로 변하게 합니다.

면접 평가자들이 대부분 정장을 하고 있다는 사실을 보면 알 수 있습니다. 그들은 면접 평가를 하면서 동시에 지원자에게 평가를 받는 입장이 되는 것입니다. 자신의 객관성과 공정성을 입증하기 위해 보수적인 경계를 치는 것이 일반적인 태도입니다. 따라서 지원자의 말투와 언어 습관에도 예민하게 반응할 확률이 높습니다. 그리고 예의 바른 언어는 어느 날 갑자기 만들어지지 않습니다. 학원에서 학습되는 일도 아닙니다. 그것은 오랜 시간에 걸쳐 축적된 습관이기 때문입니다. 그런 보수적인 언어 예절의 습관을 몸에 익숙하게 만들기 위해 교과 수업 시간에 질문을 하는 일은 무척 좋은 방법이라 할 수 있습니다. 그러므로 질문하십시오.

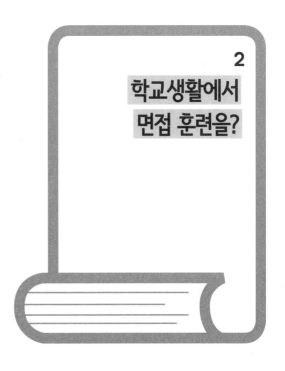

2

학교생활에서 면접 훈련을?

　대체로 학교에서 할 수 있는 면접 훈련이란 교과 수업시간에 국한된 행위일 것이라 생각하기 쉽습니다. 하지만 학교생활 전반에서 면접 훈련을 할 수 있습니다. 이것은 의도적이고 계획적으로 하는 면접 훈련이라 하기는 어렵습니다. 다만 자신이 학교생활을 하면서 단 한 번이라도 면접을 준비해보고 싶다는 의욕만 있으면 충분히 가능한 일상적인 훈련 방법입니다. 개략적으로 설명해보자면 다음과 같습니다.

📚 전공 관련 친구를 만드세요

면접은 주로 전공이나 진로와 관련한 질문이 중요한 부분을 차지합니다. 그런데 그런 질문에 대해 가장 잘 준비된 대답은 연습으로 만들어진 정교한 답변이 아닙니다. 가장 좋은 대답은 가장 자연스러운 대답입니다. 말하기와 듣기는 가장 자연스러운 인간의 언어활동입니다. 우리는 자연스럽게 한국어를 말하고 듣는 생활을 하고 있습니다. 평소 한국어로 말하고 듣는 훈련을 꾸준히 하기 때문입니다.

물론 똑같이 한국어로 질문하는 면접 평가에서는 당황하지요. 그것은 평가를 전제로 하는 긴장감 때문에 그렇습니다. 긴장하지 않고 자연스럽게 전공과 관련한 답변을 하는 방법은 전공과 관련한 말하기를 꾸준히 연습하는 것입니다. 그리고 그런 연습은 하루 아침에 이루어지는 결과가 아닙니다. 평소의 연습이 중요하지요.

평소의 면접 연습을 위해 친구를 만들라고 하면 좀 비정한 느낌이 들기도 합니다. 하지만 우리는 뭔가 공동의 관심사를 가진 사람과 자연스럽게 친해지기 마련입니다. 같은 연예인을 좋아하고 같은 영화를 좋아하고 같은 운동을 좋아하는 사람과 친구가 되기 쉽습니다. 그러니 학교생활을 하면서 자신과 같은 전공에 관심을 가진 친구를 찾으세요. 그리고 그 친구와 평소 전공과 관련한 대화를 자주 나누세요.

전공과 관련한 시사문제, 전공 관련 전문용어, 전공 관련 진로 등에 대해 자연스럽게 대화를 나누다보면 그런 말하기가 억지스럽지 않고 무척 자연스러워질 것입니다. 그리고 전공과 관련한 다양한 정보를 나눌 수 있게 될 것입니다. 자신이 직접 전공 관련 정보를 찾고 친구와 대화를 하다보면 그 정보가 자신에게 익숙한 언어로 표현될 것입니다.

전공에 대해 관심이 많아서 평소에 그런 이야기를 꾸준히 했던 학생과 서류 합격 이후에 느닷없이 집중적인 면접 훈련을 한 학생은 명백하게 차이가 납니다. 평가자들은 인공적으로 만들어진 딱딱한 답변을 하는 학생보다는 자연스럽게 전공에 대해 답변하는 학생에게 호감을 느끼기 마련입니다.

그 미묘한 차이는 말로 표현하기 힘든 느낌이 있습니다. 전공 적합성은 단기간의 훈련으로 드러나는 특성이라기보다는 평소의 관심과 고민과 노력이 오랜 시간 축적되어 나타나는 특성이라고 생각하면 좋겠습니다. 평소 친구들과 나누던 말하기 습관이 자연스럽게 면접 평가 현장에서 드러나게 마련입니다.

그러니 아무런 부담 없이 그런 친구들을 많이 만드시기 바랍니다. 그리고 그 친구들과 많은 대화를 하시기 바랍니다. 자신의 지원 전공에 대해 관심이 있는 친구가 많지 않다면 단 한 명이라도 찾아보세요. 공통의 관심사가 공통의 진로와 전공으로 이어져 평생 친구를 만들 수도 있게 될 것입니다.

🏫 학교 주최 각종 대회에 참여하세요

학교마다 다 다르겠지만 반드시 학생부종합전형 때문이 아니더라도 여러 가지 대회를 주최합니다. 어떤 학교는 명칭만으로는 도저히 그 성격을 가늠하기 어려운 대회를 만들어 억지로 상을 주려고 시도하는 경우도 있습니다. 하지만 어떤 경우이든 학교에서 주최하는 대회에 적극적으로 참여하는 것이 중요합니다. 면접과 대회 참가가 무슨 상관이 있을까 생각할 수도 있을 것입니다.

수상 결과와 상관없이 학교에서 주최하는 각종 대회에 참가한다는 것은 학생에게 많은 변화를 가져오는 기회가 됩니다. 어떤 대회에 참가하든 그것은 경쟁을 통한 자기 발전이라는 교육적 효과를 수반합니다. 다른 사람과 일정 기준을 두고 경쟁하는 행위를 통해 실패든 성공이든 그 과정과 결과로 얻을 수 있는 교육적 효과가 있다는 뜻입니다.

학교에서 여러 가지 대회를 만들어 개최하는 이유 역시 그렇습니다. 학생들에게 상을 많이 주기 위해서가 아니라 교육적 자극을 통해 학생들의 발전을 돕기 위한 것입니다. 글쓰기 대회를 통해 자신의 예술적 역량을 검증해볼 수 있습니다. 종이비행기를 만들어 날리는 대회를 통해 물리에 대한 지식을 몸으로 익힐 수 있게 됩니다. 평소 수업 시간에 교과서를 통해 배웠던 지식을 몸으로 다시 재현하면서 자신의 것으로 더욱 공고하게 만들 수 있는 기회를 가질 수 있습니다. 다양한 대회에 참가하다보면 자신이 어떤 분야에 특히 관심이 많은지도 직접 확인할 수 있게 됩니다. 공동으로 참여하는 대회의 경우에는 친구들과 협의하고 논쟁하는 과정을 통해 자연스럽게 공동체 역량을 함양하게 될 수도 있습니다.

꼭 말하기 관련 대회여야 면접 훈련이 되는 것은 아닙니다. 어떤 대회든 그것을 준비하는 과정과 참여의 긴장감과 결과를 받아들이는 마음 자세는 교과서로는 배울 수 없는 현장 교육의 중요성을 가집니다. 대회에 적극적으로 참여해본 학생들은 자신의 진로를 다른 누구보다 더욱 적극적으로 개척하고 개발하려고 노력하게 됩니다. 그리고 그 모든 노력의 과정은 내면화 과정을 거쳐 언어로 표현될 수 있습니다.

대회를 준비하며 직접 건축물 모형을 만들어본 경험이 있는 학생과 그런 경험이 없는 학생이 건축학과에 지원했다고 가정해봅시다. 전공과 관련한 면접 질문에서 어느 학생이 더 풍부하고 다양한 답변을 할 수 있을지는 너무나 자명한 것입니다. 수상 여부와 상관없이 다양한 대회에 적극적으로 참여하시기 바랍니다. 적극적인 대회 참여는 결국 학생의 학교생활을 더욱 적극적으로 만들어가도록 변화시키는 기제가 될 수 있습니다. 생활의 변화는 당연히 언어의 변화를 수반합니다. 자기표현에 소극적이고 말하기에 자신감이 부족한 학생이라면 특히 더 여러 가지 대회에 참여해보기를 권합니다.

📚 지원 전공이 리더십을 필요로 한다면 임원이 되세요

학생의 리더십은 어떻게 입증할 수 있을까요? 실제 리더십이 있는 학생인지 확인할 수 있는 방법이 있을까요? 눈으로 리더십을 직접 확인할 수 있는 방법이 있을까요? 리더십도 몸무게를 재듯 정량적으로 측정할 수 있을까요? 아쉽게도 그런 방법은 없습니다. 학생부종합전형에서 리더십은 어떻게 평가할 수 있을까요? 서류에서 리더십이 있다고 증명할 수 있는 자료를 종합해서 평가할 수밖에 없습니다. 대체로 그런 것은 학급회장이나 학교회장을 역임했다거나 동아리 부장으로 활동했다는 사실, 과학 실험이나 토론 대회에서 팀장으로 활동했다는 기록 등으로 유추할 수밖에 없습니다. 모든 학생들이 리더십을 가지고 있어야 할까요? 저는 그렇게 생각하지 않습니다. 또한 리더십이 반드시 다른 사람의 앞에 나서야만 입증 가능한 특성이라고 생각하지도 않습니다. 하지만 여러 가지 특성을 가진 학생들 중에 리더십이 돋보이는 학생이 있다면 주목받을 수는 있을 것입니다.

지원 전공이나 진로 중에 리더십을 필요로 하는 경우가 반드시 있습니다. 다른 학생들보다 앞장서서 일을 주도하고 기획하고 실천하는 힘이 있는 학생을 필요로 하는 경우가 있습니다. 그런 경우 해당 학과에서는 반드시 그 역량을 확인하고 싶어 할 것입니다. 그 확인의 방법이 서류에 나타난 결과 외에는 없어서 문제이지만 말입니다.

자신이 지원하려는 전공이나 자신의 진로에서 특히 리더십을 요구한다면 그런 특성을 학교생활기록부에 남겨놓는 것이 좋습니다. 그런 학생들은 반드시 학급회장이나 학생회장, 동아리 부장 등의 교내 모임의 리더가 되는 것이 좋습니다. 요즘은 학기별로 반장을 임명하기도 하니 기회도 자주 있습니다. 반드시 반장이 되지 않더라도 도전하는 그 자체만으로도 좋습니다.

자신이 학교생활을 적극적으로 했으며 다른 학생들을 위해 앞장서 봉사하는 리더의 자질을 가지고 있음을 입증할 수 있기 때문입니다. 선생님들 역시 학교회장에 출마했으나 당선되지 못했어도 평소 학생들을 이끄는 리더십이 뛰어난 학생이라거나 남을 위해 봉사하는 일에 적극적이라는 이야기를 학생부에 기록하고 있습니다.

임원이 되기 어렵다면 학습부장, 동아리 부장 등 자신이 책임감을 갖고 주도적으로 움직일 수 있는 일을 자발적으로 맡으려고 노력하십시오. 그런 행동들은 학교생활에 활력을 가져오며 선생님들과 학생들 사이를 중재할 수 있는 기회를 만들어줍니다. 그런 기회를 통해 상처를 받는 경우도 많을 것입니다. 하지만 그런 기회를 통해 사람과 사람 사이의 다양한 소통에 대해 배우게 됩니다.

그리고 그런 소통은 대부분 언어로 이루어집니다. 평소 수업 시간에 썼던 말이 아닌 다른 언어를 사용할 수 있는 기회를 얻을 수 있습니다. 자발적 참여와 언어를 통한 소통의 노력 등은 교과 시간에는 배울 수 없는 소중한 체험이 될 수 있습니다. 당연히 자기소개서 2번에 활용 가능한 사건들을 많이 접할 수 있게 됩니다. 또한 당연히 면접에서 설득력 있는 말하기 방법으로 답변할 수 있는 힘을 기르게 됩니다.

전공 관련 동아리에 가입하세요

동아리 활동은 비교과 영역에서 매우 중요한 활동입니다. 비교과 활동 중에서 학생의 전공이나 진로의 특성을 굉장히 잘 보여주는 활동이어서 그렇습니다. 그러니 1학년 때부터 동아리를 잘 선택해서 활동해야 합니다. 특히 자신의 전공이 확정된 학생이라면 지원 전공과 깊은 연관이 있는 동아리에 가입해서 활동하시기 바랍니다.

동아리 활동은 적극적으로 하셔야 합니다. 아무런 활동도 주도하지 않고 그저 뒤에서 구경만 하는 방관자로 참여하면 안 됩니다. 그런 태도는 자신의 발전에 아무 도움이 되지 않기 때문입니다. 물론 그렇게 방관자로 생활한 학생들은 자기소개서에도 딱히 쓸 내용이 없을 것입니다. 면접 질문에도 시원시원하게 답변하기 어렵겠지요.

말하기와 직접적인 연관이 없는 동아리 활동이 어떻게 면접 훈련에 도움이 될까요? 만일 학생이 과학실험 관련 동아리에 참여했다고 합시다. 그 동아리에 적극적으로 참여하려면 어떻게 해야 할까요? 어떤 실험을 계획할 것인지 논의해야 합니다. 실험의 원리는 무엇인지 친구들과 대화를 나눠야 합니다. 실험을 계획하는 과정에서 무엇이 필요한지, 어떤 결과를 예측할 수 있는지 대화해야 합니다. 실험 과정에서 드러나는 오류나 실수나 문제점 등에 대해 때로는 언쟁도 할 수 있을 것입니다.

실험이 성공적으로 완료되면 그 결과에 대한 토론이나 결과 보고서 작업 등을 해야 할 것입니다. 하나의 실험 활동에서 우리는 다양한 과정과 다양한 방식의 말하기가 이루어짐을 확인할 수 있습니다. 이러한 말하기 연관 활동은 교과 수업에서 일어난 실험 과정에서 쉽게 얻을 수 있는 성과는 아닙니다. 동아리 활동에서만 일어날 수 있는 다채로운 말하기 환경이 있음을 기억하셔야 합니다.

음악 밴드 동아리는 말하기와 무관할까요? 밴드 한 팀이 결성되기 위해서 얼마나 다양한 말하기 과정이 존재하는지 경험해보지 않은 사람은 모릅니다. 배려, 나눔, 협력 등의 단어들이 얼마나 절실하게 요구되는지 모릅니다. 조금이라도 어긋나면 아름다운 음악이 탄생하지 못하는 세밀한 작업을 완성하기 위해서 얼마나 많은 대화와 토론과 논쟁의 시간이 필요할까요? 그런 일련의 말하기 활동들은 면접에 얼마나 큰 도움이 될까요?

📚 토론 대회 등 말하기 활동에 참여하세요

면접과 가장 긴밀한 연관성을 가진 활동이라 할 수 있습니다. 요즘은 교과 시간이나 학교 차원의 토론 대회가 많은 것으로 압니다. 그런 일련의 공식적인 말하기 활동에 참여하시기 바랍니다. 그것은 논리적 사고력을 기르는 일에도 좋습니다. 다른 사람의 의견을 경청하는 훈련이 되어 좋습니다. 상대의 주장을 논박하기 위해 자신의 이론을 무장하는 훈련을 할 수 있어서 좋습니다. 긴장된 상태에서 흥분하지 않고 감정에 휩쓸리지 않은 채 조리 있게 말하는 훈련을 직접 할 수 있어서 좋습니다. 다른 사람이 말하는 내용을 듣고 배울 수 있어서 좋습니다. 토론이 가진 장점은 이외에도 많으니 굳이 제가 직접 설명하지 않아도 될 것 같습니다.

학생부종합전형을 준비하는 학생이라면 반드시 토론 대회에 참가할 것을 권합니다. 승패 여부와 무관하게 자신의 성장과 발전에 큰 도움이 되기 때문입니다. 또한 교과 수업시간에 토론식 수업을 하는 경우에도 적극적으로 참여하기를 권합니다. 그 교과에 애정이 없는 학생이라면 더욱 열심히 참여해보세요.

토론의 과정에서 교과에 대한 자신의 무관심이 어디에 근거하고 있는지 확인할 수 있기 때문입니다. 그 교과가 왜 나와 맞지 않는지를 직접 확인할 수 있습니다. 결함 요소가 자신에게 있고 그것이 충분히 수정 가능한 것이라면 고쳐서 적극적으로 교과 활동에 참여하여 학업 성취도를 높일 수도 있습니다.

📚 진로 관련 학교 프로그램에 적극 참여하세요

요즘은 학교에서 학생들의 진로 탐색을 위해 매우 다양한 활동을 준비하고 있습니다. 특히 진로 담당 선생님들의 노고가 매우 큰 것으로 압니다. 진로와 관련해서 여러 가지 검사를 활용하거나, 수업 시간에 다양한 활동을 통해서 진로를 찾기도 합니다. 또 진로 특강을 통해 각종 직업군의 중요한 분들을 초청해서 강의를 듣고 조언을 받는 활동을 하기도 합니다. 진로 관련 체험 프로그램을 운영하는 경우도 많습니다.

이런 일련의 진로 관련 프로그램에 적극적으로 참여하기 바랍니다. 가장 큰 이유는 물론 자신의 진로를 정확하게 찾고 확인하기 위해서입니다. 사실 고등학교 1학년에 자신의 진로를 확정한다는 것이 쉬운 일은 아닙니다. 하지만 진로가 빨리 확정될수록 그에 뒤따르는 입시 준비가 수월하다는 점을 생각해서 최선을 다하셔야 합니다. 진로를 찾는 과정에서 자신의 적성을 새롭게 발견하게 되기도 합니다. 사실 이런 경우가 더 좋은 예라고 생각합니다.

우리가 학교에 다니던 시절에는 진로에 대한 특별한 조언이 없었습니다. 그저 학교 성적만 가지고 어느 대학 무슨 학과를 갈 수 있는지 이야기하는 것이 전부였습니다. 제 고등학교 시절에 가장 중요한 진로 담당 선생님은 같은 반 친구들이었습니다. 그 친구들은 자신들의 진로 역시 불분명한 상황에서 저에게 진로에 대한 확고부동한 조언을 해주곤 했습니다. 제가 다른 교과보다 국어와 한문 성적이 좋으니 국어 선생님이 되라는 것이었습니다. 친구들의 조언을 계속 듣다보니 저 역시 국어 선생님이 되는 것이 좋겠다고 확신하게 되었습니다. 그것이 제가 국어교사가 된 계기이기도 합니다.

그렇지만 실상은 너무나 달랐습니다. 국어교사가 정말 제 진로 적성에 맞는 길이었다면 전 늘 행복하게 그 생활을 했어야 하겠지요. 하지만 수업을 하는 일이 마냥 즐겁지만 않았습니다. 수업 자체는 즐거웠지만 문제풀이를 반복하거나 같은 교과서로 수업하는 일들은 괴로웠습니다. 나에게 교직이 정말 맞는 것인지 고민하는 과정에서 상담 교사의 길을 걸으며 수업을 들었습니다. 상담을 배우기 위해서 각종 직업 적성 검사와 성격 진단 검사 등을 숱하게 시행한 결과 얻은 결론은 제 성격은 교사에 적합하지 않다는 충격적인 사실이었습니다. 교직 생활 몇 년을 한 후에 이런 결과를 얻은 제 당혹감이 얼마나 컸을까요?

따라서 진로를 일찍 알게 되는 일은 무척 중요한 것입니다. 단순히 입시를 위해서만이 아니라 자신의 인생 전반을 설계하기 위해서 중요한 일입니다. 진로 탐색의 다양한 프로그램을 경험하면서 학생들은 자기 자신과 진지한 내면의 대화를 할 수 있습니다. 무엇이 자기에게 가장 적합한 길인지, 그 길을 가기 위해 어떤 대학을 선택하고 어떤 학과를 결정하는 것이 중요한지에 대해 끝없이 대화하고 고민할 수 있습니다.

자신의 인생을 위해 내적 고민과 내면의 대화를 하는 일만큼 중요한 일이 또 어디에 있을까요? 그런 내면의 고민과 갈등과 대화를 깊이 있게 경험한 학생들은 면접 질문에서도 성숙한 답변을 하게 됩니다. 그러니 고민하십시오. 자신의 인생을 고민하고 자신의 내면과 대화하는 일을 멈추지 마십시오. 인생을 위한 고민과 대화는 여러분을 다른 차원으로 성장하도록 만드는 소중한 밑거름이 될 것입니다.

📚 진로와 관련한 봉사활동에 참여하세요

사회복지학부에 지원하는 학생들에게서 공통적으로 나타나는 현상은 봉사활동 시간이 꽤 많다는 것입니다. 그 봉사활동 역시 굉장히 지속적이고 일관성이 있습니다. 재미있는 현상은 똑같이 사회복지학부에 지원한 학생들이라도 그 봉사활동의 차이만으로 진로를 알 수 있다는 사실입니다. 노인 요양병원 봉사활동을 3년 동안 꾸준히 한 학생은 노인 복지에 관심이 많습니다. 그 방면의 진로 계획을 가지고 있지요. 다문화 가정 학생들의 학습 도우미 봉사활동을 꾸준히 한 학생들은 다문화 가정에 대한 복지정책 수립에 매우 구체적인 진로 계획을 가지고 있습니다. 또래 상담 등을 꾸준히 한 학생들은 청소년 복지나 청소년 상담에 깊은 관심이 있습니다.

봉사활동만 봐도 그 학생의 관심이 어느 쪽에 기울어 있는지 확인할 수 있는 셈입니다. 물론 그렇다고 해서 계획적으로 봉사활동을 하라는 뜻은 아닙니다. 봉사활동이 반드시 필요한 것도 아닙니다. 특히 작년에는 코로나 사태로 인해 봉사활동 시간도 많이 줄어든 것이 사실입니다. 여기에서는 단순히 봉사활동 시간이나 장소의 문제를 이야기하려는 것이 아닙니다. 면접입니다.

진로와 관련한 봉사활동에 참여하는 것이 면접 훈련에 도움이 될까요? 당연히 됩니다. 위에 예를 든 경우를 봅시다. 노인 복지에 관심이 있어서 자연스럽게 요양병원에서 봉사활동을 한 학생들은 그곳에서 요양원과 관련하여 다양한 사람들을 만나게 됩니다. 그리고 자연스럽게 그분들과 대화를 할 수 있게 되겠죠. 다문화 가정을 위한 봉사, 청소년 대상 학습 봉사도 마찬가지입니다. 특정 직업군에 관한 다양한 봉사활동은 결국 그 직업군에 있는 사람들과의 다양한 대화 상황을 만들어줍니다.

일부러 그런 분들을 초청해서 직업 관련 특강을 듣지 않아도 생활 밀착형 대화가 가능해집니다. 학교에만 있으면 선생님이나 친구들에게서만 얻을 수 있는 정보만으로 제한되겠지만 생활 현장에 나오면 더 다양한 층위의 사람들을 통해 훨씬 더 다채로운 정보를 얻을 수 있게 됩니다. 다양한 직업군에 있는 다양한 나이대의 사람들과 다양한 주제로 대화하는 일은 그 학생의 언어 지평을 넓히는 결과를 가져올 수 있습니다. 그리고 그런 경험은 결국 자연스럽게 면접 훈련이라는 부수적인 효과도 가져다줍니다.

📚 전공 관련 교과 수업 활동에 적극 참여하세요

이것은 지극히 당연한 사실입니다. 누구나 인정하는 내용이기도 합니다. 전공과 직접적인 연관이 있는 교과 수업이라면 적극적으로 참여해야 합니다. 학생부종합전형은 학교생활기록부를 근간으로 합니다. 교내 활동을 기준으로 평가한다는 의미입니다. 교내 활동에서 전공적합성을 찾을 수 있는 가장 명확한 방법은 교과 수업 활동입니다.

그것이 내신 성적이라는 결과로 드러나기도 하지만 이제 성취평가제가 도입되고 개정 교육과정이 더 효율적으로 적용되면 숫자로 표기되는 내신 성적은 그 의미가 점점 약화될 수밖에 없습니다. 결국 학생이 각 교과에서 어떤 활동을 어떻게 수행했는가 하는 점을 상세히 볼 수밖에 없습니다. 그리고 그 내용은 학생부의 교과 세특에 잘 기록될 것입니다.

교과 세특을 기록하는 사람은 그 교과 담당 선생님입니다. 그리고 그 수업을 주도하여 설계하는 사람도 그 교과 선생님이지요. 그러니 교과 수업에 적극적으로 참여하는 일은 자신의 학생부를 관리하고 자기소개서의 구성을 마련하고 면접을 준비하는 일련의 과정에도 중요합니다.

교과 수업에 적극적으로 참여하기 위해 앞서 말씀드린 것처럼 질문을 하는 것도 좋은 방법입니다. 교과 수업에서 발표하거나 토론하거나 과제를 수행하는 일련의 활동에 모두 열심히 참여하십시오. 그것은 여러분의 전공적합성을 더욱 강력하게 성장하도록 도울 것입니다. 그리고 궁극적으로 면접 준비에도 도움이 될 것입니다.

적극적인 교과 수업 참여는 선생님과의 질의응답, 친구들과의 토론과 논쟁, 혼자서 수행하는 과제 활동 등과 합쳐져 놀라운 시너지 효과를 불러옵니다. 말하기는 그 혼자 일어나는 활동이 아닙니다. 말하기 듣기 읽기 쓰기는 동시에 작용하고 상승하는 활동입니다. 그리고 그 모든 활동이 동시 다발적으로 일어나는 현장이 바로 수업 현장이라고 할 수 있습니다.

국어 교사 시절에 문학 수업을 재미있게 해보고 싶어서 색다른 방식을 구상한 적이 있습니다. 수업 시간에 배운 소설과 시를 소재로 조별 활동 과제로 영화를 만들어오게 했습니다. 사실 과제를 주기는 했지만 큰 기대를 하지는 않았습니다. 영화에 대해 아무런 지식이 없는 학생들에게 그저 가지고 있는 휴대폰으로 영화를 찍어 오라고 했으니까 말입니다. 하지만 학생들은 제 기대 이상의 결과물을 제출했습니다.

학생들은 조별로 모여 토론하고 시나리오를 구성하고 배역을 정하고 소품을 제작하고 분장을 하고 영화를 찍고 편집하는 일련의 과정을 성실하게 수행했습니다. 그리고 우린 며칠이 지난 후 교실에서 놀라운 작품들을 감상하며 서로 웃고 박수칠 수 있었습니다. 그 활동에 참여했던 학생 중 하나는 실제 영화배우가 되기도 했습니다. 그 활동에 참여했던 학생들은 면접도 정말 잘했습니다.

왜 그런 일이 일어났을까요? 학생들은 자신들의 교과 수업에 성실하고 적극적으로 참여하면서 스스로 학습을 했기 때문입니다. 제가 만약 영화에 대한 지식을 정리하고 외우게 하고 시험문제를 냈다면 그런 결과는 일어나지 않았을 것입니다. 학생들의 관심을 자극하고 적극적으로 참여하게 유도하는 수업은 결국 학생들의 숨은 재능을 개발하게 만듭니다. 자신이 친구들과 함께 고민하고 함께 창조한 학습 결과물에 대한 애정은 그와 관련한 어떤 질문에도 기꺼이 답변할 수 있는 역량을 길러줍니다.

그러니 여러분은 자신의 면접 준비를 위해서 교과 수업에 성실

하게 참여하십시오. 특히 그 교과가 전공과 관련이 있는 경우에
는 더 그렇게 하십시오. 성실하고 적극적인 수업 참여는 여러분
의 내면을 강하게 만들어줄 것입니다.

📚 선생님들과 친하게 지내세요

제가 근무하는 대학에는 학생부종합전형으로 합격한 학생들만
의 모임이 있습니다. 이 학생들은 고등학교에 방문하여 전공에 대
한 특강을 하거나 진로 상담을 해주기도 하고, 입시 관련 프로그램
에 참여해서 여러 가지 중요한 업무를 수행하기도 합니다. 모두 쉽
지 않고 피곤한 일인데도 성실하게 참여하는 모습을 보곤 합니다.

이 학생들의 공통적인 특성은 누구보다 대학에 대한 애정이 깊
다는 것입니다. 자신의 학과에 대한 애정은 말할 것도 없지요. 학
과와 대학에 대한 애정과 자부심이 대단한 학생들이기에 입시
관련 프로그램에서 중요한 역할을 담당할 수가 있는 것입니다.

이 학생들은 입학사정관이나 교수님들과의 관계가 돈독하다는
특징도 있습니다. 교수님들을 어려워하고 존경하면서도 무척 친
근하게 다가갑니다. 입학사정관들과도 가깝게 지냅니다. 군대에
가거나 전역을 하거나 취업을 하거나 졸업을 할 때면 늘 사무실
에 찾아와 웃으며 인사를 하고는 합니다.

이런 모습들을 보면 학생부종합전형으로 학생들을 선발하는

일에 무척 자부심을 느끼게 됩니다. 교수도 아닌 입학사정관들에게 친근하게 다가오는 이 학생들의 친화감은 어디에서 비롯된 것일까요? 그것은 이미 고등학교 생활을 통해 내재된 것이라고 생각합니다. 이 학생들은 고등학교 시절에도 학교 선생님들과 이미 친하게 지낸 학생들입니다. 그러다보니 어른과의 관계 형성에 어려움을 느끼지 않습니다. 그것이 교수님이나 입학사정관과의 돈독한 관계로 이어지는 것입니다. 이런 친화감은 나중에 취업과도 잘 연결되는 것으로 알고 있습니다.

선생님들과 친하게 지내세요. 선생님들은 여러분을 꾸중하고 어렵게 만들기 위해서 존재하는 분들이 아닙니다. 여러분 각자의 삶을 더 풍요롭게 해주기 위해 자신의 교과에서 고민하고 고생하며 수업을 준비하는 분들입니다. 여러분의 인생에서 정말 중요한 결정을 내리는 일을 적극적으로 도와줄 수 있는 몇 안 되는 소중한 분들이지요. 그러니 그분들과 친하게 지내십시오.

선생님들과 친하게 지내면 교과에 대한 관심도 덩달아 올라갑니다. 성적이 오를 수도 있지만 설사 그렇지 않다 하더라도 교과 학습 능률이 향상될 것입니다. 선생님과 대화하는 시간이 많아지면 자연스럽게 교과와 관련한 대화의 분량이 늘어나게 될 것입니다. 전공 관련 친구를 만들지 못했다면 교과 선생님과 친하게 지내는 일에 더욱 노력하시기 바랍니다. 그것이 궁극적으로 말하기 수준을 향상시키는 길이 될 것입니다.

📚 학교생활에 대한 자기관리 기록을 꾸준히 하세요

서류 기반 면접은 학교생활을 중심으로 진행합니다. 학생들은 자신의 학교생활에 대해 누구보다 가장 잘 알고 있어야 합니다. 아주 가끔 엉뚱한 답변을 하는 경우를 봅니다. 블라인드 면접이 도입되기 전의 일이었습니다. 어떤 남학생이 매우 긴장한 얼굴로 고사장에 들어왔습니다. 아침은 잘 먹었는지, 면접고사장까지 오는 길에 불편한 점은 없었는지, 편안하게 자기소개를 해볼 수 있는지 물어도 너무 긴장해서 제대로 답변을 못하는 학생이었습니다.

저는 이 학생이 긴장을 누그러뜨리고 자신감 있게 면접에 응하기를 바라는 마음으로 뭔가 격려해주고 싶은 마음이 생겼습니다. 학생의 학교생활기록부에는 독서활동이 화려하게 기록되어 있었습니다. 지원자 평균 독서량에 비해 뒤지지 않는 많은 책을 읽었더군요. 저는 그것을 응원해주고 싶었습니다. 고등학생 수준에서는 약간 어려워 보이는 책을 읽은 기록이 있기에 그 부분을 격려했지요.

"고등학교 2학년 때 ○○○이라는 책도 읽었네요. 어렵지는 않았어요?"

학생이 용기를 얻어 자신감 있게 책의 내용을 말하거나 책 내용이 어려워 지금도 잘 이해하기 힘들다는 겸손한 답변을 하리라 기대했습니다. 그런데 그 학생은 깜짝 놀라며 저에게 반문하는 것이었습니다.

"네? 제가요?"

그 반응 이후의 면접이 어떻게 진행되었는지는 여러분들의 상상에 맡기겠습니다.

제가 이 일화를 소개하는 이유는 한 가지입니다. 여러분 자신이 누구보다 학생부의 기록에 대해 잘 알고 있어야 한다는 것입니다. 그러기 위해서는 여러분의 기록을 잘 정리하는 작업이 필요합니다. 매일 매일의 학교생활 기록을 정리하기는 힘들겠지만 특정한 교과, 특정한 사건, 특정한 기억 등에 대해서는 잊어버리지 않도록 별도로 기록해두는 것이 좋습니다.

📚 활동 기록을 하는 순서

어떤 활동에 대한 기록은 다음과 같은 순서로 하는 것이 좋습니다.

- 활동의 제목 : 활동에 제목을 붙여주세요. 그리고 그 활동이 교과 관련 활동인지 비교과 활동인지 특성이 드러나도록 구분하면 좋습니다.
- 활동의 동기 : 활동에 참여하게 된 동기를 간단하게 적습니다. 교과 수행평가인지, 동아리 활동에서 논의된 활동인지, 개인적이고 자발적인 동기에서 참여한 활동인지 구분하면 좋습니다.

199

- 활동의 과정 : 전체적으로 어떤 과정을 거쳐 진행되었는지 적습니다. 실험이나 토론이나 어떤 주제로 어떤 과정을 거쳐 진행되었는지 상세히 기록해두세요. 그것은 나중에 자기소개서 작성이나 면접 준비를 위해서 매우 필요하고 중요한 작업입니다.

- 활동의 결과 : 활동의 결과가 반드시 성적이나 수상 등으로 직결되지는 않습니다. 결과에서 가장 중요한 것은 자신의 변화입니다. 그 활동에 어떤 동기로 참여했고 어떤 과정을 거쳤으며 결과는 어떠했는가를 정리할 때 가장 중요한 것은 결국 자신의 변화입니다. 활동을 통해 나는 무엇을 배웠고 어떤 실패를 경험했는지 쓰십시오. 그 활동으로 나 자신이 얻은 것이 무엇인지를 쓰는 것이 중요합니다.

학교생활 기록을 이처럼 꼼꼼하게 해두는 일은 외적으로는 학생부의 기록에 누락된 것이나 오류가 발생한 부분을 수정하는 참고자료로 활용할 수 있다는 장점이 있습니다. 더 중요한 것은 내적으로 학생의 학교생활 자체를 전반적으로 변화시키는 효과가 있습니다. 중요한 학교활동을 정리하면서 자신이 궁극적으로 지향하는 것이 무엇인지 구체적으로 확인할 수 있습니다. 자신의 학교생활을 더 능동적이고 진취적으로 변화시킬 수 있습니다. 여러분의 한 번뿐인 학교생활을 적극적으로 개선하면서 진로와 진학의 성취감도 얻을 수 있게 되기를 바랍니다.

3

가정에서도
면접 훈련을?

면접 훈련은 어디에서나 진행할 수 있습니다. 가정에서도 예외는 아닙니다. 중요한 것은 가정에서 하는 면접 훈련은 부모님의 적극적인 협조가 필수적이라는 사실입니다. 가정에서 혼자 중얼거리는 일은 정신 건강에 좋지 않기도 합니다.

면접은 음성언어로 표현하는 자기소개 방식입니다. 그런데 음성언어로 표현하는 언어습관이란 어느 날 갑자기 생기거나 변화하지 않습니다. 오랜 생활습관처럼 자연스럽게 형성되는 것입니다. 면접을 진행해보면 학생들이 자신의 이야기를 하느라 자기도 모르게 습관적인 언어 표현을 하는 경우를 자주 만나게 됩니다.

 그 습관적인 언어 표현이 결국 인성 평가에도 영향을 미칠 수 있다는 사실을 기억하셔야 합니다. 그러니 평소에 어떤 언어습관을 형성할 것인가 하는 점은 매우 중요합니다. 이제 다음과 같은 몇 가지에 주목하셔서 평소 가정에서 면접 훈련을 하는 일에 활용하시기 바랍니다.

학부모-학생은 면접 운명 공동체입니다

 평소 대화를 많이 하시기 바랍니다. 면접 운명 공동체라는 표현에 유의하시기 바랍니다. 면접은 절대로 학생 혼자서 준비하는 전형이 아닙니다. 부모님과 함께 준비할 수밖에 없는 전형입니다. 평소에 학부모와 학생이 얼마나 대화를 자주, 그리고 많이 했는지에 따라 면접 결과는 현저히 달라질 것입니다. 혹시 불행하게도 면접에서 좋은 결과를 얻지 못했다 해도 부모와 대화한 분량만큼 인간관계 형성이나 인성 변화에 놀라운 변화를 가져올 것입니다. 면접은 교육 전반에 변화를 가져오는 요소라고 강조한 까닭이 여기에 있습니다.

📚 격식체의 대화연습을 하시기 바랍니다

요즘은 자녀들의 숫자가 많지 않아서인지 아니면 민주 시민 교육의 일환인지 부모와 자녀들이 서로 반말로 대화하는 경우가 많습니다. 그 자체의 장단점에 대해 이 자리에서 논의하고 싶지는 않습니다. 다만 어느 누구도 면접 고사장에서 반말을 쓰거나 비격식체의 '해요체'를 권장하지 않는다는 사실을 말씀드리고 싶습니다. 그것은 그 자리가 공식적인 자리이고 그만큼 언어예절을 기본으로 생각하는 자리라는 뜻이겠지요.

그런데 격식체의 언어습관을 형성하는 일은 쉽지 않습니다. 학생들조차 학교에서 선생님들과 대화하면서 '해요체'를 많이 쓰기 때문입니다. 격식을 갖춘 언어습관을 연습하는 것은 가정에서 먼저 시작해야 합니다. 늘 그렇게 말하기 어렵다면 적어도 면접과 관련한 대화, 진로나 진학과 관련한 대화를 할 때만이라도 격식체의 문장을 사용하는 훈련을 하시기 바랍니다. 사용하는 언어의 형식에 따라 대화의 내용이나 격조도 달라진다는 사실을 기억하시기 바랍니다.

📚 진로와 관련한 대화를 꾸준히 하십시오

학생들이 가장 하기 싫은 대화가 진로 관련 대화일 것입니다. 그것은 사실 학생들만의 문제는 아닙니다. 아마 거의 모든 사람들이 자신의 진로와 관련한 대화를 즐겨 하지 않을 것입니다. 왜냐하면 그것은 자신의 실질적인 미래와 연결된 주제이기 때문입니다. 그와 동시에 자신의 본질과도 긴밀히 연결된 주제이기 때문입니다. 인간이란 원래 자신의 미래나 본질 등 철학적 함의가 담긴 주제에 대해서 쉽게 이야기하기를 즐겨하지 않습니다.

하지만 언제까지 이런 주제를 회피한 채 형식적인 가족관계를 유지하면서 살 수는 없습니다. 자녀들의 문제에 대해 부모가 아니면 어느 누가 진지한 대화를 할 수 있을까요? 우리 자녀들의 문제에 관심을 가지고 대화를 전개하기를 권합니다. 부모님 세대가 시도하기 어려운 경우에 자녀들이 먼저 시도해도 좋습니다. 자신의 미래에 대한 고민을 친구들과 나누는 것이 편안하고 안전할 수는 있습니다.

미래에 대한 대화를 친구들과 나눈다고 해서 본질적이고 실질적인 해법을 찾기는 쉽지 않습니다. 학부모와 학생은 면접에 관한 운명 공동체임을 기억하십시오. 어떤 대화는 굳이 명확한 답을 찾지는 못하더라도 과정을 통해 해답이나 힌트를 얻는 경우들이 많습니다. 진로에 대한 대화가 그렇습니다. 대화하세요. 특히 부모님과 대화하세요. 여러분의 삶을 바꿀 수 있는 길이 됩니다.

📚 지원 전공과 관련한 대화를 꾸준히 하십시오

전공에 대해서는 부모님이 아시는 바가 없을 수 있습니다. 부모님은 지금과 다른 교육환경 속에서 학교생활을 했기 때문에 입시의 형태나 방법, 대학의 특성이나 전공 등에 대해 관련 정보가 부족한 것이 사실입니다. 그렇다고 해서 부모님은 전공과 관련한 대화 상대가 아니라고 무시하지 마십시오.

부모님이 아는 것이 적다면 가르쳐 드리면 됩니다. 자신이 관심을 가지고 있는 전공이 무엇인지, 그 전공은 어느 대학에서 배울 수 있는지, 그 전공을 공부하고 나면 어떤 일을 할 수 있는지, 그 전공 출신의 유명한 사람은 누가 있는지 등등 이야기할 소재는 무궁무진합니다. 그런 내용들을 하나씩 정리해서 부모님에게 차근차근 설명하듯이 이야기를 하다보면 자신이 그 전공에 대해 어느 정도나 알고 있는지, 자신은 정말 그 전공을 공부하고 싶은 것인지, 자신이 그 전공을 통해 구상하고 있는 미래의 청사진은 어떤 것인지 등을 확실하게 정리할 수 있습니다. 또 자신의 입으로 전공에 대한 이야기를 자주 하는 훈련은 면접에서 좋은 성적을 얻을 수 있는 지름길이 되기도 합니다.

📚 학교생활을 정리한 자기 기록에 대해 대화하십시오

앞에서 학교생활에 대한 자기 관리 기록을 꾸준히 하길 권했습니다. 그 기록이 얼마나 자신에게 유용한 작업이 될 것인지 확인할 수 있는 일차적인 방안이 이것입니다. 기록 내용에 대해 부모님과 대화하세요. 오늘은 어떤 수업을 했는지, 학교생활에서 자신이 받은 인상은 어떤 것이었는지, 어떤 과정의 수행평가를 어떻게 진행해서 어떤 결과를 얻었는지, 자신은 어떤 교과 공부에서 가장 흥미를 느끼고 있는지, 동아리 활동이나 독서 활동의 상황이나 내용 등은 어떠한지 등등 이루 다 설명하기 힘든 방대한 분량의 학교생활을 대화로 정리하기 바랍니다.

기록을 못했다면 대화하십시오. 이 대화의 장점은 자신의 학교생활을 정리하는 효과가 있다는 것입니다. 자기만의 방식과 자기만의 언어로 자신의 학교생활을 정리하다보면 진로와 전공에 대한 그림이 더 명확하게 드러날 것입니다. 부모님과의 관계도 더 돈독해질 수 있습니다. 그것은 다시 진로나 전공에 대한 대화의 폭을 넓힐 수 있습니다. 부모님과 친해지는 것, 부모님과 깊은 대화를 나누는 것, 그것은 선생님과 친밀감을 유지하는 것만큼이나 매우 중요한 사실입니다.

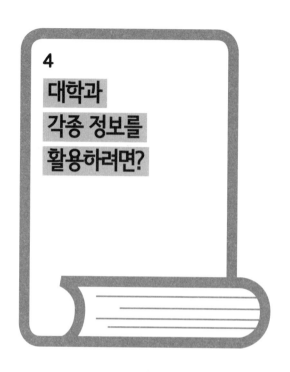

4

대학과
각종 정보를
활용하려면?

📚 입시에 유용한 정보 찾기

입시와 관련해서 유용한 정보를 얻을 수 있는 방법은 많습니다. 앞서 말씀드렸듯이 대학별 홈페이지와 입학처 홈페이지, 입학처 유튜브, 전공학과별 홈페이지나 SNS, 대입정보포털 어디가, 학교생활기록부 종합 지원 포털 등은 기본적으로 꼭 확인하셔야 할 인터넷 정보입니다. 그 외에도 자신의 지원 대학이나 전공이 확정된 경우라면 해당 대학 입학처나 전공 학과를 잘 활용하시기를 권합니다.

대학마다 다양한 입시 관련 프로그램을 운영하고 있습니다. 지금은 코로나 사태로 인해 상당 부분 온라인으로 전환된 것이 많기는 합니다. 하지만 여전히 대학에서 운영하고 있는 고교-대학 연계 프로그램들은 많이 있습니다. 학생들에게 전공에 대해 설명해주는 프로그램, 학부모에게 입시에 대해 친절하게 설명해주는 프로그램, 선생님들에게 고급 입시 정보를 제공해주는 프로그램, 학생들이 직접 전공을 체험해볼 수 있는 프로그램, 학생들이 입학사정관을 대상으로 모의 면접에 참여해볼 수 있는 프로그램, 고등학생들이 대학생 선배들과 직접 전공이나 입시 관련 상담을 해볼 수 있는 프로그램, 대학에서 제공하는 각종 입시 관련 자료를 받아볼 수 있는 프로그램 등 무수히 많고 다양한 프로그램들이 있습니다.

대학은 이처럼 더 좋은 학생들을 유치하기 위해 다양한 입시 관련 프로그램을 운영하고 있지만 참여하는 학생들은 그다지 많지 않습니다. 시간이나 여건이 맞지 않아 참여할 수 없는 경우도 많겠지만 아예 그런 프로그램의 존재 여부도 몰라서 놓치는 안타까운 상황들도 많이 보게 됩니다.

대학에서는 공을 들여 많은 프로그램을 운영하는데 그런 정보를 몰라서 참여하지 못하는 것처럼 안타까운 일도 없지요. 대학은 각 교육청이나 학교에 공문을 보내 프로그램을 홍보하지만 그

것이 학생들에게 모두 전달되지 않습니다. 사실 이런 것은 학생들의 적극적인 탐색 과정이 필요합니다. 자신이 원하는 대학이나 전공 관련 홈페이지를 수시로 확인하셔서 유용한 정보를 얻기 위해 노력하셔야 합니다.

📚 궁금하면 직접 문의하자

제가 입시 설명회를 다닐 때마다 학생들에게 강조하는 것이 있습니다. 대학은 고등학교의 상위 기관이 아니라는 말입니다. 흔히 초등학교 위에 중학교, 중학교 위에 고등학교, 고등학교 위에 대학교가 있다고 생각하기 쉽습니다. 하지만 초등학교나 대학교나 모두 동일한 교육기관입니다. 단지 교육의 대상이 다를 뿐입니다. 대학을 자신이 넘어서야할 높은 장애물이거나 올라가야할 험난한 고지처럼 생각하는 학생들이 많습니다.

그래서 선뜻 대학에 연락하는 일을 꺼려합니다. 그래서는 안 됩니다. 대학은 여러분의 인생길에서 선택할 수 있는 하나의 교육기관에 불과합니다. 이제 학령인구의 급격한 감소로 여러분이 대학에 지원하지 않으면 대학이 문을 닫아야 하는 극한의 상황에 몰리고 있습니다. 그러니 대학의 입장에서는 오히려 여러분 모두가 소중한 고객입니다. 대학에 묻는 일을 두려워하지 마십시오. 입시와 관련한 궁금증을 가장 빨리 알 수 있는 방법은 해당 대학

입학처에 직접 문의하는 것입니다.

어느 해 면접에서 있었던 일입니다. 면접에 들어온 학생이 매우 기쁜 얼굴로 웃으면서 인사를 했습니다. 면접 질문에 대답도 정말 잘했습니다. 전공과 관련해서 질문하고 학생의 답변을 듣던 교수님께서 문득 "자네가 혹시 OOO 문제로 이메일을 보냈던 그 OOO학생인가?"하고 물으셨습니다. 알고 보니 그 학생은 그 지원 전공에 대한 관심이 많아 관련 교수님들을 탐색한 끝에 이 교수님을 알게 되었고 2년 정도 꾸준히 이메일을 통해 질의응답을 해왔던 것입니다.

교수님은 그 학생의 이름만 알고 있을 뿐 정작 만난 적은 없다가 면접 현장에서 공교롭게 만나게 된 것이지요. 물론 이런 일은 블라인드 면접 이전의 일입니다. 중요한 것은 지원 전공에 대한 학생의 관심과 적극적인 탐색이 어떤 결과를 가져오는가의 문제입니다.

또 자녀의 입시 문제로 고민하다가 도저히 견딜 수 없어 직접 입학처에 찾아오신 부모님을 만나는 일도 있습니다. 이렇게 불쑥 찾아와도 되는지 모르겠다면서 어려운 발걸음을 하십니다. 미리 전화로 예약하고 상담을 하시는 것이 제일 좋습니다. 자녀와 함께 방문하셔도 됩니다. 대학 입학처를 두려워하지 마시고 편하게 생각하세요. 그렇게 직접 찾아오시면 의외의 소득을 많이 얻을 수 있습니다.

대학 입시와 관련한 실질적인 정보들을 많이 얻을 수 있습니다.

그러니 대학에서 진행하는 각종 프로그램에 관심을 가지세요. 대학 입학처를 찾아가는 일을 어려워하지 마세요. 대학에 묻는 일을 힘들게 생각하지 마세요. 필요한 정보가 있으면 요청하세요. 대학은 적극적으로 협조할 것입니다.

이제부터는 실제 면접을 대비한 실질적이고 구체적인 단계별 과정을 제안하겠습니다. 지금까지 드렸던 설명이 고등학교 1학년부터 전 과정에 걸친 조언이라면 지금부터는 입시에 실제 적용하기 위한 과정이라 할 수 있습니다. 전체적인 흐름은 '면접 예상 질문 만들기 → 예상 답변 만들기 → 추가 질문 예측하기'로 구성할 수 있습니다.

Chapter 6

합격 면접 4단계 :

질문과
답변 훈련

1

면접 예상 질문을 만든다?

여기에서 주로 논의하는 것은 서류 기반 면접입니다. 서류 기반 면접은 학생부와 자소서라는 서류를 토대로 면접 질문을 진행합니다. 따라서 면접 질문 역시 학생부와 자소서에서 나올 수밖에 없습니다. 특히 면접관들은 어떤 질문을 많이 할까요? 당연히 전공과 연관성이 있는 질문을 많이 하려고 합니다. 그러니 학생부와 자소서를 읽으면서 전공과 연관이 있는 항목을 먼저 정리하는 것이 중요합니다.

📖 예상질문을 만드는 기준은 크게 세 가지입니다

하나는 '왜?'입니다. 다음과 같은 질문을 중심으로 예상 질문을 만들어보세요.

- '왜' 이 대학에 지원하십니까?
- '왜' 이 학과에 지원하십니까?
- (학생부의 각 항목별로) '왜' 이런 활동을 했습니까?
- (자소서의 각 문항별로) '왜' 이런 활동을 썼습니까?

두 번째 질문은 '무엇'입니다. 다음과 같은 질문을 중심으로 예상 질문을 만들어보세요.

- 이 대학에서 얻고자 하는 바는 '무엇'입니까?
- 이 전공을 통해서 배우고자 하는 바는 '무엇'입니까?
- 이 전공을 위해 나는 '무엇'을 준비했습니까?
- (학생부 각 항목별로) 이 활동에서 내가 얻은 것은 '무엇'입니까?
- (자소서 각 문항별로) 이 활동에서 내가 얻은 것은 '무엇'입니까?
- 다른 학생과 나를 구분하는 가장 큰 차이점은 '무엇'입니까?

세 번째 질문은 '어떻게'입니다. 다음과 같은 질문을 중심으로 예상 질문을 만들어보세요.

  - 이 대학에 대해 '어떻게' 알게 되었습니까?

  - 이 전공에 대해 '어떻게' 알게 되었습니까?

  - 이 전공을 위해 준비한 활동은 '어떻게' 하게 되었습니까?

  - (학생부 각 항목별로) 이 활동의 과정은 '어떻게' 됩니까?

  - (자소서 각 문항별로) 이 활동을 '어떻게' 수행하게 되었습니까?

  - 다른 학생보다 내가 더 전공에 적합한 학생임을 '어떻게' 입증할 수 있습니까?

물론 실제 면접 질문이 모두 저렇게 나오지는 않을 것입니다. 우리는 지금 자신의 서류를 기반으로 면접 예상 질문을 추출하는 작업을 진행하고 있습니다. 위의 질문은 육하원칙에서 '언제, 어디서, 누가'를 제외한 세 가지입니다. '고등학교 과정 중에, 학교에서, 내가'라는 고정된 답변을 제외했기 때문입니다.

조금 더 구체적으로 면접관들의 면접 질문을 점검해보도록 합시다. 면접 질문은 주로 학생부와 자소서에 기록된 내용 중 전공과 관련한 학생의 준비 정도, 학생의 이해도, 활동의 진위 여부, 활동의 과정 및 결과, 활동을 통해 변화된 내용 등으로 구성됩니다. 사실 학생들의 서류에서 볼 수 있는 정보 역시 그 정도 수준이라고 생각하시면 됩니다. 입학사정관들은 면접 질문을 어떻게 만들까요?

📚 면접 질문을 만드는 이유

면접 질문을 만드는 이유는 대략 다음과 같은 몇 가지입니다.

① 학생부 기록은 간단한데 자소서에는 상세하게 서술된 경우
② 학생부에 상세하게 기록되어야 할 것 같은데 지나치게 간
　단한 경우
③ 학생부 기재 활동의 동기나 계기가 궁금한 경우
④ 학생부 기록만으로는 활동의 과정이나 결과를 확인하기 어
　려운 경우
⑤ 학생부 기재 활동과 지원 전공과의 상관성을 확인하고 싶
　은 경우
⑥ 지원 학과에 대한 열정과 관심을 확인하고 싶은 경우
⑦ 전공 연관성이 높은 활동인데 자소서에는 언급이 없는 경우
⑧ 학생부 기재 활동 중 전공적합성을 자세히 확인하고 싶은
　경우
⑨ 학생부 기록 중 학생의 잠재력이나 인성 등을 확인하고 싶
　은 경우
⑩ 자소서에 언급한 학업계획이나 진로계획 등의 진위 여부를
　확인하고 싶은 경우

물론 이 외에도 다양한 이유가 있을 수 있습니다. 하지만 크게

이런 틀을 벗어나긴 어려울 것입니다. 입학사정관이 면접 질문을 만드는 원인을 살펴보았으니 이제 위에 언급한 '왜, 어떻게, 무엇을'이라는 기준을 토대로 면접 예상 질문을 구성해봅시다. 다음과 같은 과정이 이루어질 수 있습니다.

〈예시〉

① 학생부 항목 선택 : 교과 세특 – 〈국어〉 현대시의 다양한 표현 수행평가에서 윤동주의 〈서시〉를 소재로 PPT 자료를 만들어 발표함

② 자소서 기재 여부 : 1번 항목에 기재 – 국어 시간에 수행평가 과제로 윤동주의 〈서시〉를 PPT로 제작하여 수업 중 발표하고 친구들이 뽑은 최고 발표상에 선정되었음

③ 전공연관성 여부 : 있음(상, 중, 하 중 '중' 정도)

④ '무엇을' 중심 : PPT 제작과 발표 활동으로 창의성과 표현력 입증

⑤ '어떻게' 중심 : PPT 제작 과정의 창의성, 발표 과정에서 드러난 독창성을 중심으로 전공적합성을 입증

⑥ '왜' 중심 : 홍보는 매체의 전환과 응용이라는 측면도 있으므로 해당 능력을 입증하는 자료로 활용 가능하므로

⑦ 예상 질문 만들기
 - 윤동주의 〈서시〉를 PPT로 어떻게 제작하였습니까?

- 그 작품을 선택한 이유는 무엇입니까?
- 제작과 발표 과정을 통해 학생의 어떤 능력을 입증할 수 있다고 생각하십니까?

이러한 일련의 작업을 거치는 것은 학생부와 자소서를 기반으로 어떤 면접 질문이 나올 수 있는지를 유추하기 위한 사고의 과정을 보여주기 위해서입니다. 실제 예상 질문을 만들기 위해 위의 예시와 같은 모든 과정을 다 거칠 필요는 없습니다. 그저 사고의 과정이 어떻게 진행되는지를 보여주기 위한 것일 뿐입니다. 머릿속에서 저런 절차를 거쳐 예상 질문이 나오게 된다는 뜻이지요.

예상 질문은 학생부의 거의 모든 항목에 대해 만드셔야 합니다. 어떤 학생들은 100개가 넘는 질문을 만들었다고 합니다. 충분히 가능한 일입니다. 100개든 200개든 예상 질문은 많이 만들수록 좋습니다. 질문이 많아질수록 자신의 기록에 대한 이해의 깊이도 설명의 내용도 풍성해지기 때문입니다.

연구에 따르면, 서류 기반 면접 질문의 유형은 단순히 활동의 사실 여부를 확인하기 위한 질문, 활동의 동기나 이유나 목표 등을 확인하여 지원자의 전공 수행 의지를 확인하기 위한 질문, 활동의 내용에 대한 심화 질문을 통해 전공 수행 능력이나 논리력 또는 사고력 등을 확인하기 위한 질문 등으로 구성됩니다. 단순 사실 확인에서 과정과 결과를 확인하는 수준, 학생의 논리적 사고력을 확인하기 위한 수준으로 심화되는 셈입니다. 따라서 예상 질문 역시 그런 세부적인 항목으로 발전하고 확산하는 방식으로 구성하는 것이 좋습니다.

📚 중점 면접 질문 심화하기

학생부 기재사항 중 어떤 항목을 중심으로 면접 질문이 어떻게 확산되고 심화 발전하는지 예를 들어보겠습니다.

- 지원 전공 : 생물학과
- 학생부 기재사항 : 〈교과 세특〉 생물 - 일상생활에서 만날 수 있는 생명 현상에 대한 수행 과제에서 '웹툰에서 발견한 생명현상의 특징'이라는 주제로 다양한 웹툰을 소재로 한 PPT 를 제작하여 발표하고 질문을 통해 수업을 재미있게 유도함
- 예상 질문
① 단순 사실 확인 : 생물 시간에 발표한 수행 과제 '웹툰에서 발견한 생명현상의 특징'에서 주로 발표한 내용은 무엇입니까?
② 과정과 결과 확인 : 발표 내용은 특히 혈액 세포의 기능과 효과에 집중한 것 같습니다. 이런 소재를 활용하게 된 특별한 계기가 있습니까? 수행 과제 발표 활동을 통해 새롭게

알게 된 점이 있습니까?

③ 논리적 사고력 확인 : 웹툰은 상상력을 소재로 한 것입니다. 단순한 상상의 산물이 어떻게 현실의 과학 원칙이나 생명 현상 등을 입증할 수 있는 소재가 될 수 있다고 생각하십니까?

2

예상 답변을
정리한다?

위와 같은 방식으로 하면 하나의 항목, 하나의 활동에 대해서 평균 5개 이상의 질문 작성이 가능합니다. 그 질문 모두에 대해 예상 답변을 작성하면 됩니다. 100개가 넘는 질문에 대해 모두 예상 답변을 작성한다면 무척 귀찮고 피곤한 일이 될 것입니다. 하지만 그렇게 해야 합니다. 예상 질문을 늘어놓고 생각날 때마다 하나씩 답변을 쓰면 됩니다. 실제 말하는 것처럼 쓰면 됩니다. 면접은 말하기 시험이니까 그저 말로만 하면 되지 않느냐고 반문을 할 수도 있습니다. 하지만 말로 하는 단계로 가려면 아직 준비가 더 필요합니다. 컴퓨터 파일을 만들어놓고 시간이 될 때마다 하나씩 답변을 정리해보길 권합니다. 예상 답변을 정리하는 과정에서 자신이 잊고 있었던 사실이나 놓치고 있던 오류를 발견하는 일이 꽤 많을 것입니다.

처음 예상 답변을 쓸 때는 그저 머릿속에 떠오르는 생각을 편하게 써놓기만 하면 됩니다. 시간이 좀 지난 뒤에 자신이 쓴 예상 답변을 천천히 한 번씩 읽어보세요. 그리고 다음과 같은 기준으로 자신의 답변을 점검해보시기 바랍니다.

(전체) 답변 내용에서 추가로 발생할 수 있는 질문은 없는가?

글로 정리한 답변이기 때문에 꼼꼼한 정리가 가능합니다. 자신이 작성한 답변 내용을 읽어보면서 추가 질문이 발생할 수 있는 곳은 어디인지 표시해보고 메모를 해두면 좋습니다. 추가 질문을 예측하는 일은 쉽지 않지만 대체로 답변 내용이 불확실한 경우, 전공과 밀접한 연관성을 가진 활동의 경우, 활동 내용이 풍성해서 면접관의 관심을 끌 수 있을 것으로 예상되는 경우 등만 정리해도 괜찮을 것입니다.

(형식) 블라인드 면접에 맞는 답변인가?

요즘은 블라인드 평가가 정착되는 과정이라고 생각합니다. 답변 내용 중에 자신의 이름이나 학교 정보, 부모님의 직업이나 사회적 지위를 알 수 있는 내용, 친인척에 관한 정보가 담긴 내용 등은 없는지 점검해보기를 바랍니다.

(형식) 말하기 방식의 일반적인 원칙에 맞는 답변인가?

말하기에 대한 일반적인 원칙은 이미 수업 시간을 통해 배웠으리라 생각합니다. 아직 직접적인 말하기 단계가 아니고 글로 답변을 작성한 단계이므로 다음의 몇 가지만 유념하면 좋겠습니다.

- 두괄식의 답변 : 언젠가 자기소개서 작성에 대해서 언급한 적도 있는데 두괄식 구성은 면접에서도 필요한 방법입니다. 말하고자 하는 바를 앞부분에 배치하는 방식입니다. 이것은 청각인상을 명확하게 하고 평가자들을 지치지 않게 만드는 효율적인 답변 방식입니다. 모든 질문에 완전히 두괄식 답변을 할 필요는 없으나 자신의 주장이나 생각을 담는 답변의 경우 두괄식으로 구성하는 것이 효과적입니다.

- 간결한 문장의 답변 : 작성한 답변 내용이 간결하게 구성되었는지 확인하십시오. 글쓰기 원칙과 마찬가지로 말하기에서도

간결성은 생명입니다. 수식어가 많아지면 핵심을 놓치기 쉽습니다. 듣는 사람이나 말하는 사람 모두 간결한 문장을 사용하는 것이 좋습니다.

- 어법에 맞는 표현 : 자기소개서에서도 어법에 맞는 글의 유익함을 이야기했습니다. 말하기 역시 마찬가지입니다. 어법에 맞는 표현, 문법 규칙을 잘 지키는 언어, 정확한 의미의 단어를 사용한 표현 등을 확인해야 합니다.

(내용) 답변의 내용은 일관성이 있는가?

글쓰기의 경우 한 번 쓴 글을 다시 읽고 고쳐 쓰는 기회가 있습니다. 말하기는 그럴 수 없습니다. 한 번 말하고 나면 다시 고칠 수 없지요. 그러니 처음 말할 때부터 신중하게 말해야 합니다. 특히 답변 내용의 일관성은 매우 중요합니다. 처음부터 끝까지 하나의 주제로 일관된 답변인지 확인하시기 바랍니다.

(내용) 답변의 내용은 명확한가?

정확한 어휘, 정확한 표현, 정확한 호응이 이루어지고 있는지 확인하십시오. 말하고자 하는 바가 명확한지 확인하고 그렇지 않다면 무엇 때문인지 찾으십시오. 단어의 의미와 문장의 구조를 살피세요. 질문에 부합하는 답변인지 확인하세요.

(내용) 지원 대학이나 전공에 대한 이해를 바탕으로 하고 있
는가?

답변의 내용은 자신이 지원하는 대학의 특성과 부합하는지 확
인하십시오. 아주 가끔 자기소개서에 다른 대학의 이름을 쓰면서
합격하고 싶다고 강조하는 글을 봅니다. 물론 너무 많은 대학에
자기소개서를 써서 접수하다 발생하는 사소한 오류일 수 있습니
다. 하지만 평가자들은 보수적인 집단입니다. 자신이 지원하는 대
학명이나 전공학과명도 모른다면 좋은 평가를 하지 않겠지요. 마
찬가지로 대학과 학과에 대한 이해가 명확한지도 확인해야 합니
다. 그 학과에는 교직과목 이수가 불가능한데 교사를 희망한다고
답변하는 경우도 있습니다. 학과에 대한 사전 정보 정리는 필수
사항이라고 생각하시기 바랍니다.

(내용 및 형식) 답변 내용에서 자신의 역할이 명확하게 드러
나는가?

자소서와 면접의 모든 내용은 결국 자신을 온전히 드러내는 일
로 집중됩니다. 자신의 역할, 자신의 역량, 자신의 꿈, 자신의 계

획 등이 중심입니다. 답변 내용이 자신이 아닌 다른 것을 부각시키고 있지는 않은지 점검하시기 바랍니다.

이러한 점검 사항은 뒤에서 실전 연습 과정을 통해 더 세부적으로 분화하고 발전하게 될 것입니다.

3

후속 질문을
예측한다?

📖 면접 질문의 순서

면접 질문은 '시작 질문'과 '후속 질문(꼬리 질문, 추가 검증 질문 등으로 표현하기도 함)'으로 구성됩니다. 물론 모든 면접 질문에 반드시 후속 질문이 따르지는 않습니다. 대체로 후속 질문은 부정적인 경우와 긍정적인 경우로 구분합니다. 부정적인 경우는 시작 질문에 대한 답변 내용이 불분명하거나 불확실한 경우입니다. 예를 들어 봅시다.

  - 시작 질문 : 정치외교학과에 지원하게 된 동기는 무엇입니까?
  - 답변 : 전 어린 시절부터 정치에 관심이 많았습니다. 그래서
    훌륭한 정치인이 되고자 이 학과에 지원하게 되었습니다.

물론 실제로 이렇게 단순하게 답변을 하는 경우는 거의 없습니다. 거의 없다는 것은 드물게는 있다는 것이지요. 위의 답변은 무척 무성의하게 보입니다. 이런 부실한 답변에 대해서는 반드시 후속 질문이 따르겠지요. 우리가 준비해야 할 것은 이런 부실한 답변에 대한 후속 질문에 대한 것이 아닙니다.

면접을 성실하게 준비한 학생이라면 대체로 후속 질문은 긍정적인 신호입니다. 답변 내용이 전공과 밀접하게 연관된 경우에 해당 전공에 대한 배경지식이 어느 정도인지 알고 싶어서 후속 질문을 합니다. 답변이 아주 상세하고 면접관의 마음에 드는 경우에 지원자의 역량을 더 확인하고 싶어서 후속 질문을 합니다. 우리는 이런 부분에 대한 후속 질문을 예측하고 준비하는 것이 좋습니다. 예를 들어 보겠습니다.

  - 〈질문〉: 국어 교과 모둠활동에서 '홍길동과 모세의 생애 비교'라는 주제로 발표활동을 했다고 하는데, 이 발표의 의도

는 무엇입니까?

- 〈답변〉: 네, 그 발표 주제는 '홍길동전' 수업에서 나오게 되
  었습니다. 발표의 의도는 '영웅의 일생 구조'를 확인하기 위
  한 것이었습니다. 우리나라 영웅소설의 대표적인 주인공인
  홍길동과 성경 속 이야기 중 대표적인 영웅인 모세의 생애를
  비교하여 영웅의 일생 구조가 어떻게 전개되는지를 비교해
  보고 싶었습니다.

  면접관은 교과 세특의 기록에서 학생의 활동 내용을 보고 더
구체적인 사항을 확인하고 싶었을 것입니다. 발표의 의도를 묻는
것으로 보아 답변 내용에 따라서는 과정과 결과도 확인하고 싶
어 할 것입니다. 모둠 활동에서 진행한 내용이니 학생의 역할을
분명히 확인하고 싶을 것 같기도 합니다.
  답변 내용에서 '영웅의 일생 구조'에 대한 언급이 있으니 전공
과 관련하여 그 실체를 확인하는 후속 질문이 있을 수 있습니다.
홍길동을 우리나라 영웅소설의 대표적 주인공이라 답변했으니
다른 영웅소설도 알고 있는지 물어볼 수도 있습니다. 굳이 성경
의 인물인 모세를 거론했으니 왜 그 인물을 비교의 대상으로 택
했는지 물어볼 수도 있겠군요. 그리고 가장 중요한 것은 그 비교
의 결과일 것입니다.

📚 후속질문 예측하기

따라서 이 질문에서 후속 질문으로 나올 수 있는 것은 다음과 같습니다.

- 해당 발표 활동에서 학생은 어떤 역할을 하였습니까?
- '영웅의 일생 구조'란 무엇인지 설명해보세요.
- 학생이 알고 있는 우리나라 영웅소설에는 어떤 것이 있습니까?
- 왜 성경의 인물인 모세를 비교 대상으로 결정했습니까?
- 발표 활동의 결과 학생이 새롭게 알게 된 것이 있다면 무엇입니까?

위 질문에 대한 답변이 어떠한가에 따라 이러한 종류의 후속 질문들은 계속 더 나올 수 있습니다. 그리고 이런 후속 질문들을 예측하고 준비하려면 면접 예상 질문에 대한 답변을 글로 정리해보는 작업이 필요할 것입니다.

또한 질문과 답변은 지원 전공과의 상관성에 따라 얼마든지 달라질 수 있다는 사실을 기억해야 합니다. 같은 소재를 보더라도 지원 전공이 무엇이냐에 따라 질문은 달라질 수 있다는 것입니다. 예를 들어 보겠습니다.

- 〈활동 기록〉(행동특성) 문학을 통한 학교 환경의 변화를 기획한 독특한 학생임. 문예부 부장으로 활동하며 탁월한 리더십을 발휘하여 시화전을 주관하였으며 학생들의 작품을 학교 환경 미화에 적극 활용하였음. 시화를 통한 환경 미화는 지역 신문에도 소개될 정도로 뛰어난 활동으로 평가됨.

위와 같은 기록이 지원 전공에 따라 어떻게 각각 다른 방식의 면접 질문으로 형성될 수 있는지를 살펴보겠습니다.

〈국문학과 등 어문학계열 학과〉
- 문예부에서 어떤 활동을 했는지 간략하게 소개해주세요.
- 문학을 통한 학교 환경 변화 기획의 계기는 무엇인가요?
- 시화전에서 활용한 문학 작품들은 어떤 것이었으며, 선정 기준은 무엇이었나요?
- 문학의 실용적 활용 가능성에 대해 평소에 생각해본 것이 있습니까?

〈실내건축 등 디자인계열 학과〉
- 학교 환경 미화를 기획한 다른 사례가 있습니까?
- 환경 미화를 기획한 기준이나 방법 등에 대해 설명해주세요.

〈경영학과 및 언론홍보학과〉

- 문예부 부장으로 활동하며 보여준 탁월한 리더십은 무엇인
  지 구체적으로 설명해주세요.
- 문예부 부장 경험을 바탕으로 리더십의 정의를 내린다면?
- 지역 신문에서 주로 다룬 기사의 핵심 내용은 무엇인가요?
- 자신이 신문기자가 된다면 어떤 부분에 초점을 맞춰 기사를
  쓸 것 같은가요?

이와 같은 예는 끝없이 만들 수 있을 것입니다. 중요한 것은 면접 질문은 학생부 기록 어느 곳에서도 나올 수 있다는 사실입니다. 전공과 관련한 면접 질문은 어떤 상황에서도 발생할 수 있다는 사실입니다. 그런 것을 염두에 두고 면접 질문을 작성하고 후속 질문을 예측해봐야 합니다.

4

정말 좋은
답변은?

입학사정관 생활은 7년 정도로 짧지만 교사 시절 학생들의 면접 준비까지 했던 기간을 생각하면 면접과 관련한 세월은 꽤 오래 된 것 같습니다. 학생들에게 다양한 방법으로 면접 훈련을 시켰던 경험과 입학사정관으로서 실제 면접 평가에 참여했던 경험을 토대로 정말 좋은 답변이 무엇인지 정리해보았습니다.

📚 질문의 의도에 맞는 답변입니다

어떻게 보면 지극히 당연한 말입니다. 하지만 어려운 일이기도 합니다. 면접 평가자의 의도를 파악하고 그에 맞는 답을 한다는 것은 면접의 핵심이 되기도 합니다. 대체로 숙련된 면접관은 한 가지만을 질문합니다. 그리고 후속 질문을 통해서 학생을 평가하고자 합니다. 활동의 동기와 결과를 동시에 묻거나 학생의 역할과 교훈을 동시에 묻는 경우도 있으나 그런 경우라 해도 결국 연관성이 있는 질문일 확률이 높습니다. 중요한 것은 면접에 참여한 지원자가 평가자의 의도를 명확하게 파악하는 일입니다.

면접관의 마음속에 '그래, 내가 듣고 싶은 대답이 바로 그거였어.'라는 청신호가 뜨도록 답변을 하는 일이 중요합니다. 말은 많으나 쓸 말이 없는 경우나 열심히 답변을 하고 있지만 엉뚱한 산을 오르는 경우에는 면접관으로서 참 난감할 때가 많습니다. 그래서 저는 모의면접의 경우에 답변의 방향이 어긋나면 즉시 고쳐주고는 합니다. 면접관의 질문에 바로 응답하기 전에 질문의 의도가 무엇인지 한 번 더 생각해보는 시간이 필요합니다.

📚 더 질문하고 싶도록 유혹하는 답변입니다

사실 이런 수준의 답변은 쉽지 않습니다. 면접에 참여했다가 가끔 이런 학생들을 만나면 피로가 사라지는 경험을 합니다. '이 학생과 면접이 아닌 대화를 나누고 싶다.'는 마음이 드는 학생입니다. 학생의 답변과 관련해서 끝없이 더 질문하고 싶고 더 대화하고 싶은 학생이 있습니다. 같은 주제를 가지고 대화하고 토론하는 수업에 참여하고 싶은 그런 학생을 만나면 참 행복합니다.

더 질문하고 싶도록 유혹하는 답변은 지원 전공에 대한 깊은 관심과 오랜 열정을 기반으로 합니다. 정말 그 전공을 공부하고 싶다는 진정성을 바탕으로 합니다. 학교생활 전반에 걸쳐 진심을 담아 성실하게 수행한 학생의 생활기록을 토대로 합니다. 이런 답변 기술을 확보하려면 오랜 기간 꾸준히 준비하고 읽고 쓰고 듣고 말하는 훈련이 지속되어야 합니다.

📚 진정성이 묻어나는 답변입니다

간혹 답변 내용이 완전하지는 않아도 좋은 점수를 주고 싶은 학생들을 만납니다. 과도한 긴장으로 더듬거리거나 불안 증세를 보이면서도 정말 그 공부가 하고 싶다는 간절함을 보이는 학생들이 있습니다. 음성언어로 표현하는 기술적인 부분에서는 약하지만 강력한 학업동기와 성취수준을 가진 학생들, 지원 전공에 대한 열정이 보이는 학생들의 경우에 진정성이 느껴지는 답변을 하는 것을 봅니다. 면접관들 역시 사람인지라 인정에 끌리기 쉽습니다.

물론 인정에 끌린 평가를 하는 일은 평가자의 자질에 맞지 않는 것입니다. 하지만 인정에 끌려서 동정하는 점수가 아니라 충분히 발현되지 못한 그 학생의 진정성을 엿볼 수만 있다면, 더 노력해서 그 진정성을 제한 시간 안에 이끌어낼 수만 있다면 좋은 점수를 주고 싶은 학생들을 만나게 됩니다. 진정성은 면접 평가 시작부터 끝까지 절대 놓쳐서는 안 되는 덕목입니다.

🔖 청각인상이 뚜렷한 답변입니다

논술은 글로 쓰는 면접이고 면접은 말로 하는 논술이라고 가르쳤던 기억이 있습니다. 꼭 그렇지만은 않지만 반드시 틀린 말도 아닙니다. 면접은 음성언어를 도구로 하는 평가 방식입니다. 논술 답안을 알아볼 수 없는 필체로 쓰면 좋은 점수를 받기 어렵듯이 면접 역시 알아들을 수 없는 말을 하면 좋은 점수를 받기 어렵습니다. 정확한 발음, 뚜렷한 어조, 명확한 높낮이와 장단음을 사용한 적절한 음성언어 사용으로 청각인상을 선명하게 할 필요가 있습니다.

그렇다고 반드시 훈련받은 성우나 아나운서처럼 말하라는 뜻은 아닙니다. 모든 답변을 명확하고 뚜렷하게 말하는 것이 중요하다는 뜻입니다. 같은 대답이라도 '네', '예', '녜', '에', '네네', '은네' 등등 다양하게 들립니다. 어떤 발음으로 어떻게 답변할 것인지가 선명해야 합니다. 그리고 이런 말하기는 평소 어른들과 많은 대화를 통해 훈련할 수 있습니다.

📚 간결하고 정확한 답변입니다

자기소개서 작성 방법에 대한 안내를 할 때마다 학생들에게 당부하는 말이 있습니다. 불필요한 수식어를 생략하라는 것입니다. 글에서 지켜야 할 수칙 중 하나이기도 합니다. 꼭 필요한 경우가 아니라면 자기소개서에 수식어는 불필요합니다. 면접 역시 마찬가지입니다. 말이 길어지고 시작과 끝이 불분명하면 횡설수설하기 쉽습니다. 길게 이어지는 문장으로 말하면 듣는 사람이 집중하기 어렵습니다. 애매하고 모호한 표현 역시 마찬가지입니다. 글과 마찬가지로 말도 역시 간결한 것이 좋습니다. 의미가 분명한 단어를 선택하는 것도 필수적이지요.

📚 자존감이 있으면서도 겸손한 답변입니다

면접 평가 역시 시험이기 때문에 많은 학생들이 긴장한 상태로 고사실에 들어옵니다. 그 긴장을 풀어주지 못하면 긴밀한 면접 진행이 어려운 경우도 생깁니다. 우리나라는 워낙 겸손과 겸양을 좋은 덕목으로 가르치고 배워오기 때문에 자신을 겸손하게 표현하는 일에 익숙합니다. 하지만 지나친 겸손은 오히려 예의에 어긋난 경우를 불러오기도 하지요. 겸손하지만 자신감 있는 표현, 자존감은 뚜렷하나 답변에는 겸양이 담긴 언어 표현은 평소 꾸준한 말하기 훈련으로 다듬어가야 할 부분입니다.

📚 지원 대학과 전공에 대한 관심과 열정이 담긴 답변입니다

앞서 진정성 있는 답변 부분에서도 언급한 바 있습니다. 지원한 대학에 대한 관심, 지원한 전공 학과에 대한 열정이 느껴지는 답변이 좋은 답변입니다. 자기소개서에 지원 대학이나 학과를 잘못 기록하면 좋은 인상을 줄 수 없듯이 면접 질문에 대한 답변에서도 마찬가지입니다. 지원한 대학이 어떤 대학인지, 교육목표나 특성이 무엇인지 정도는 알고 있어야 합니다. 지원 학과, 심지어 각 교수님들의 세부전공까지 파악하고 면접에 참여하는 학생들이 많은 요즘입니다. 누가 얼마나 더 자신을 뚜렷하게 각인시키는가 하는 부분은 상식만으로도 알 수 있습니다.

📚 음성언어와 몸의 언어가 일치하는 답변입니다

차분하게 앉아서 면접관을 따뜻한 시선으로 바라보며 자신이 준비한 답변을 정확한 언어로 겸손하고 자신감 있게 말할 수 있는 학생이 얼마나 될까요? 참 쉽지 않은 일입니다. 적어도 말하는 것과 몸짓이 일치하는 것만이라도 하면 좋겠습니다. 어떤 학생들은 자신도 모르게 다리를 떨기도 합니다. 면접관을 쳐다보지 못하고 다른 곳으로 자꾸만 시선이 분산되는 학생도 있습니다. 손을 가만히 두지 못하고 여기 저기 혼란스럽게 움직이는 학생들도 있습니다.

몸짓이 불안하면 말도 불안해지기 마련입니다. '음, 저, 그러니까' 등의 불필요한 표현을 쓰는 것이 습관이 된 학생들이 있습니다. 이런 모든 것은 면접 훈련이 잘 되지 않기에 나타나는 현상입니다. 평소 어른들과 대화하는 훈련이 잘 되어 있어야 합니다. 부모님이나 선생님들과 대화를 자주 하시고 수업 중 발표나 토론 활동에 적극적으로 참여해서 이런 습관을 고치도록 해야 합니다.

📚 친절하고 성실한 답변입니다

간결하게 답변하라고 해서 단답형의 대답만 하고 말을 중단하는 학생들이 가끔 있습니다. 너무 짧게 답변을 끝내서 아주 잠시 동안 정적이 흐르는 상황이 생기기도 합니다. 그럴 때면 '저 학생이 정말 간결하게 답변을 하는구나.' 하는 생각보다는 '저 학생은 이 학교에 오고 싶은 마음이 없나보다.' 하는 의구심이 생깁니다. 자존감을 지키면서도 겸손하게 답변해야 하는 이중적인 표현처럼 간결하면서도 친절하고 성실한 답변을 하라는 조언을 드릴 수밖에 없습니다. 면접에 대한 답변은 항상 친절하고 성실해야 합니다. 그것은 학생의 인성 평가에도 작용하는 말하기 방식이 될 것입니다.

📚 평가자와 함께 호흡하는 답변입니다

답변하면서 항상 평가자를 주목해야 합니다. 평가자인 면접관이 답변을 하는 자신을 보고 있는지, 아니면 다른 자료를 보고 있는지 살펴보세요. 학생이 답변을 하는 중에 면접관이 서류를 확인하는 경우도 있습니다. 답변 내용을 확인하기 위해서이거나 다음 질문을 준비하기 위해서일 수 있습니다. 언제 어떤 상황이 되더라도 지금 면접의 현장에서는 질문하는 면접관과 답변하는 학생 사이의 긴장감이 늘 유지되고 있어야 합니다. 평가자가 자신의 답변을 놓치지는 않을지, 자신의 답변 중 어느 부분에서 의미 있는 표정을 하는지, 답변 내용이 논점을 벗어나거나 불필요하게 길어지고 있지는 않은지 등을 면접관을 살피며 파악해야 합니다.

이런 작업은 쉽지 않습니다. 오랜 경험을 쌓은 면접관들도 쉽지 않은 일이기는 합니다. 하지만 평소 다양한 대상과 다양한 방식의 말하기 훈련을 해보았다면 말하기 능력은 듣는 능력과 밀접하게 연관되어 있다는 사실을 체험적으로 알 것입니다. 면접평가 현장에서의 말하기는 면접관과 지원자가 말하기와 듣기의 상호

작용을 긴밀히 주고받으면서 진행한다는 특성이 있습니다. 면접관이 자신의 말에 어떤 반응을 보이는지를 살피면서 함께 호흡하며 대화한다는 자세를 가지고 평가에 임하는 훈련이 필요합니다.

앞에서는 제출 서류를 기반으로 면접 예상 질문을 작성해보고 그에 대해 자신의 답변을
글로 정리한 후 그것을 점검하면서 후속 질문까지 예측해보는 훈련을 했습니다. 이제는 그
렇게 훈련한 내용을 기반으로 실제 말로 하는 면접 연습 방법을 안내하겠습니다. 이것은
실제 학생들의 면접 훈련에도 사용해서 많은 효과를 보았던 방법이기도 합니다.

Chapter 7

합격 면접 5단계 :

실전
연습

1

실전 연습 1단계 :

계산된
답변하기

지금부터는 실제 자신의 목소리로 말을 하면서 훈련을 하는 단계입니다. 앞 단계에서 예상 질문으로 뽑아놓은 질문을 하나씩 자신에게 던지면서 실제처럼 답변하는 연습을 하는 것입니다. 물론 답변 내용 역시 앞 단계에서 글로 정리했던 계산된 답변입니다. 그것을 외워서 말할 필요는 없으나 큰 틀에서 벗어나지 않는 답변이 되겠지요. 이 단계의 말하기 훈련에서 가장 좋은 방법은 실제로 면접 짝을 만들어서 해보는 것입니다. 친한 친구와 짝을 지어 연습해보세요.

전공 관련 친구 만들기에 성공했다면 같은 전공에 관심을 가지고 있는 친구와 연습하면 더 좋습니다. 학교 선생님들께서 시간을 내어 학생들과 함께 면접 연습을 하면 훨씬 더 좋습니다. 저도 교사 시절에 학생들을 대상으로 면접 훈련을 많이 했습니다. 처음에는 굉장히 어려워하던 학생들이 어느 정도 시간이 지나면 익숙해지는 것을 목격했습니다.

이 훈련 단계에서 중요한 것은 자신의 답변 내용을 스스로 점검하는 일입니다. 음성언어로 진행하는 자신의 답변을 녹음해보세요. 그리고 녹음한 내용을 천천히 들으면서 자신의 답변을 점검해보십시오. 점검의 내용이나 기준은 앞에서 말씀드렸으나 다음과 같은 〈표 10〉을 만들어서 활용하면 더 좋습니다.

모든 질문에 대해서 위와 같은 평가를 하기는 어렵습니다. 중요한 질문, 또는 학생 스스로 우선순위를 두고 있는 질문을 중심으로 만족도 평가를 해보고 답변 내용에 대한 보완사항, 후속 질문의 가능성 등을 정리하는 작업이 필요합니다. 글로 써둔 답변과 실제 말하는 답변은 똑같지 않기 때문에 위와 같이 구분해서 훈련하고 분석하는 일이 중요합니다.

예상 질문 답변 평가표

	답변 내용 평가 항목	만족도 (1~5점)	장점 또는 보완할 점	후속 질문 가능성
1	질문의 의도에 맞는 답변인가?			
2	지원 전공에 대한 관심과 열정이 느껴지는가?			
3	답변의 내용이 간결하고 이해하기 쉬운가?			
4	활동의 과정에 대한 설명은 누가 들어도 이해할 수 있는가?			
5	활동의 내용과 전공과의 연관성을 발견할 수 있는가?			
6	어법이나 높임법 사용에 맞는 표현을 쓰는가?			
7	어조나 말투에서 진정성을 느낄 수 있는가?			
8	자신감과 겸손함이 조화를 이루고 있는가?			
9	말하는 속도나 억양 등에 어색한 점은 없는가?			
10	사용하는 단어나 표현 등은 적절한가?			

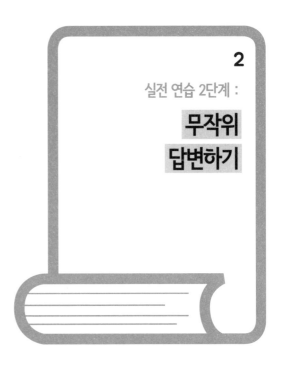

2

실전 연습 2단계 :

무작위 답변하기

위와 같은 답변 연습과 녹음 과정, 그리고 녹음된 내용을 점검하고 수정하는 과정을 거친 후에는 무작위로 답변하는 훈련이 필요합니다. 예상 질문을 뒤섞어 놓은 후 무작위로 뽑아서 그에 대한 답변을 하는 연습입니다. 이것은 혼자서 할 수도 있지만 가급적 친구나 선생님, 또는 어색하겠지만 부모님과 직접 해보는 것이 좋습니다. 다른 사람 앞에서 말하는 훈련을 하는 것이 중요합니다. 또 예측하지 못한 질문이 나왔을 때 당황하지 않고 차분히 답변하는 훈련에도 좋습니다. 간혹 질문하는 역할을 하는 사람이 답변 내용과 관련하여 돌발적인 후속 질문을 시도하는 것도 아주 좋은 방법입니다.

만일 함께 면접 연습을 할 사람이 아무도 없다면 거울 앞에서 말하는 연습을 해볼 것을 권합니다. 거울 앞에서 질문에 대한 답변을 하나씩 해보는 것입니다. 이것은 아주 쉬울 것 같지만 상당히 어려운 연습 방법입니다. 저 역시 다른 사람 앞에서 말하는 일은 아무 어려움이 없으나 거울을 보고 연습하는 것은 매우 어색하고 어렵기 때문에 그렇습니다.

무작위 답변 연습에서는 상대방에 따라 피드백을 다양하게 받을 수 있다는 장점이 있습니다. 선생님께서 연습을 해주신다면 면접 전체에 대한 종합적인 정리가 가능하겠지요. 친구들과 하는 연습의 경우에는 내용적인 측면보다는 형식적인 측면에서 다양한 지적사항이 나올 수 있습니다. 자신이 평소에 알지 못했던 모습을 친구들은 발견할 수 있기 때문입니다.

부모님과의 연습은 연습 자체만으로도 충분히 좋은 효과가 있습니다. 부모님과 친근한 일상의 대화만 하다가 입시와 관련한 연습을 한다는 사실만으로도 다양한 변화를 가져올 수 있습니다. 선생님이나 친구들과 무작위 답변 연습을 하면서 다음과 같은 점검표를 활용하시면 좋습니다. 다음 〈표 11〉은 예시입니다.

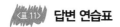 **답변 연습표**

	질문 요약	답변 지적사항		보완할 점
		내용적인 측면	형식적인 측면	
1	화학 실험 보고서 관련 질문	활동내용에 대한 설명이 너무 길어서 지루함	내용이 길어서 말하는 속도가 너무 빠르게 느껴짐	과정 설명을 줄이고 자신의 역할에 중점을 둘 것
2	물리 관련 독서활동	2학년 2학기 독서인데 내용을 잘 기억하지 못함	'어...음...'등의 불필요한 감탄사가 너무 많이 들어감	전공 관련 도서의 내용을 정확하게 파악하고 명확한 답변을 하도록 준비할 것
3	토론 대회 수상 관련	주제, 자신의 주장, 근거를 명확하게 설명함	자신감 있고 당당한 자세가 좋았음	계속 연습할 것

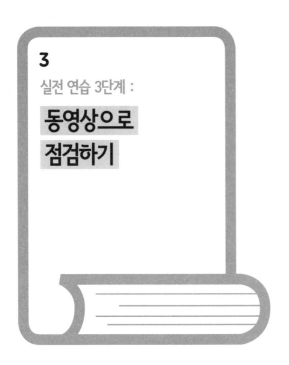

3

실전 연습 3단계 :

동영상으로
점검하기

　혼자서 무작위로 추출한 질문에 답변하는 연습, 선생님이나 친구들과 질의 응답하는 연습 등을 했다면 이제 마지막 단계의 면접 연습이 남아 있습니다. 동영상 확인 연습입니다. 요즘은 휴대폰이 잘 발달되어서 누구나 손쉽게 영상을 찍을 수 있습니다. 앞에서 연습하고 훈련한 결과가 잘 반영되었는지 직접 확인하는 작업이 필요합니다. 지난해에는 코로나로 인해 비대면 면접을 시행한 대학도 늘어난 것으로 알고 있습니다. 자신의 답변 장면을 영상으로 찍어보는 훈련 방식은 실제 면접은 물론 비대면 면접에도 매우 효과적인 대응 방법입니다.

저 역시 교사 시절에 학생들을 대상으로 이런 단계의 면접 연습을 진행했습니다. 학생들은 환경에 굉장히 빨리 적응합니다. 처음에 단순 면접 연습을 시작할 때에는 당황했다가도 선생님의 얼굴이 익숙해지면 금방 편안한 얼굴로 긴장이 풀립니다. 그럴 때 카메라를 설치해놓고 면접 연습을 하면 꽤 긴장을 많이 하고 더 열심히 면접 연습에 참여합니다. 카메라로 찍은 영상을 친구들과 함께 보면서 서로 내용이나 형식적인 측면에서 장단점을 찾아보고 피드백을 하다보면 훨씬 나은 결과를 가져올 수 있습니다.

다만 수업에서 동영상을 활용하는 방식에는 한 가지 전제되어야 할 것이 있습니다. 면접 훈련 과정에 참여한 학생들이 그 활동 방법에 모두 동의해야 한다는 것입니다. 학생 중에는 자신의 말하는 모습을 찍어서 친구들에게 공개하는 것을 싫어하는 경우도 있을 것이기 때문입니다. 동영상으로 찍고 피드백을 하는 최종 단계의 훈련을 수업에 활용하는 것은 반드시 모두 동의한 후에 가능합니다.

물론 수업시간이 아니라 개인적으로 참고하기 위한 것이라면 아무 문제가 없겠지요. 동영상으로 찍은 자신의 답변 장면을 보면 좀 더 면밀한 자기 점검이 가능할 것입니다. 다음과 같은 세부적인 점검표(〈표 12〉)를 활용하는 방법도 좋습니다.

　점검표의 내용이나 항목은 자신의 생각에 따라, 또는 학교 선생님께서 중요하다고 생각하시는 내용에 따라 더 추가하거나 변경하여 사용할 수 있습니다. 중요한 것은 이런 점검 활동이 한 번으로 끝나서는 안 된다는 것입니다. 처음 동영상 피드백을 하고 난 이후에 지적받은 사항이나 만족스럽지 못한 답변은 일일이 표시해두고 자신이 특히 취약한 항목에 대해 반드시 다시 연습하고 다시 점검하는 작업이 필요합니다. 이런 과정을 몇 번 반복하면 실제 면접에서도 크게 당황하지 않고 대응할 수 있게 될 것입니다.

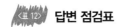

답변 점검표

구분	답변 점검 항목	만족도 평가
내용	질문 의도에 맞는 답변인가?	
	지원 대학과 전공에 대한 이해를 바탕으로 하는가?	
	활동의 의도, 과정, 결과 설명이 명료한가?	
	자신의 역할을 명확하게 설명하고 있는가?	
	지원 동기, 학업 계획 등이 구체적인가?	
	답변 내용에 일관성이 있는가?	
	사용하는 단어나 문장이 명료하고 적절한가?	
	답변에 자신감이 있어 설득력이 느껴지는가?	
	여유와 겸손이 느껴지는 답변인가?	
형식	어조나 말투에서 진정성이 느껴지는가?	
	자신감 있는 표현을 사용하는가?	
	답변 내용이 지나치게 길거나 어수선하지는 않은가?	
	답변의 속도가 지나치게 빠르거나 느리지는 않은가?	
	최대한 표준어를 쓰고자 노력하는가?	
	강조하는 부분이 적절히 강조되는 어법인가?	
	습관적으로 반복하는 말투는 없는가?	
	시선은 정확하고 자세는 바른가?	
	과도한 몸짓으로 혼란을 초래하지는 않는가?	
	처음부터 끝까지 바른 자세를 유지하고 있는가?	
총평		

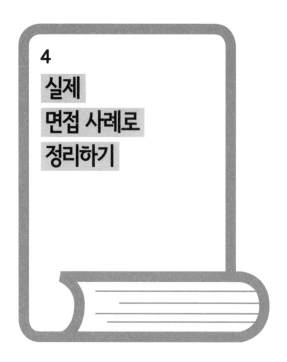

4

실제
면접 사례로
정리하기

입학사정관으로 일하면서 다양한 면접 상황을 만났습니다. 모든 내용들이 다 기억나지는 않으나 몇 가지 중요한 사례를 중심으로 도움이 될 만한 조언을 정리해보겠습니다.

📚 블라인드 면접에 대응하기

단순히 교복을 입지 않고 고사장에 오는 것만으로 블라인드 면접 준비가 끝났다고 생각하면 안 됩니다. 블라인드 면접은 실제 면접 과정 중에도 끝까지 잘 지켜야 하는 규칙입니다. 답변을 하던 중에 자신도 모르게 학교 이름을 자꾸 반복하는 학생을 본 적이 있습니다. 또는 자신의 출신 지역을 말하기도 합니다. 무심코 하는 답변이기에 뭐라고 딱히 지적하기 어려운 상황이긴 하지만 그런 답변이 반복되면 의도적인 것이라고 오해를 불러올 수 있습니다. 의도적인 것이 아니라면 평소 면접 훈련이 잘 되어 있지 않은 경우라고 볼 수 있겠지요. 그만큼 긴장을 하지 않고 있다는 의미이기도 합니다.

학교 이름뿐만이 아닙니다. 부모님이나 친인척의 이름, 직업, 직종 등도 절대로 언급해서는 안 됩니다. 그런 상황이 발생하지 않도록 질문을 하지만 자신도 모르게 그런 답변이 나오지 않도록 항상 조심해야 합니다. 평소 면접 훈련에서도 가장 큰 원칙으로 삼고 연습해주기 바랍니다.

📚 면접관을 감동시키기

학생부종합전형 초창기에는 자기소개서에 성장 환경을 쓰는 항목이 있었습니다. 아버지를 여의고 어머니와 두 동생과 함께 힘들게 살아가는 학생을 만난 기억이 납니다. 자기소개서를 보면 무척 힘든 환경에서도 성실하게 공부한 흔적이 뚜렷했던 학생이었습니다. 하지만 면접고사장에서 만난 첫인상은 힘든 생활환경을 전혀 느끼지 못할 정도로 밝고 명랑했습니다. 함께 면접을 하셨던 전공 학과 교수님께서 마지막으로 힘을 내라는 격려의 차원에서 '학생은 꿈이 뭐예요?'하고 물으셨습니다.

질문이 아니었죠. 그저 응원의 메시지였습니다. 그때까지 밝고 명랑하게 웃으면서 답변을 잘 하던 학생이 갑자기 울컥하면서 눈물을 쏟기 시작했습니다. 눈물을 흘리며 띄엄띄엄 답변한 문장은 '제 꿈은 우리 가족들을 잘 먹여 살리는 것입니다.' 라는 것이었습니다. 그 답변은 지금까지 제 귓가에 맴돌고 있습니다.

면접관을 감동시키기 위해 반드시 울어야 한다는 뜻은 아닙니다. 전공 관련 질문에 제대로 답도 하지 못한 채 감동적인 뭔가를 연출하라는 뜻도 아닙니다. 그 학생은 이미 그 질문 이전에도 높은 점수를 받고 있었으니까요. 중요한 것은 진정성입니다. 면접고사장은 단순한 입시 평가의 한 현장입니다. 면접관과 지원자가 만나는 시간은 10여 분의 짧은 시간밖에 되지 않습니다. 질문의 숫자도 그리 많지 않습니다. 하지만 그 짧은 시간에 면접고사장을 휘어잡는 힘은 면접관이 아닌 지원자에게 있습니다. 그 자리를 얼마나 진정성 있게 대하느냐 하는 것이 면접의 결과를 좌우한다고 생각하기 바랍니다. 여러분만의 진정성으로 면접관을 감동시키는 역사를 만들면 좋겠습니다.

📚 긴장하지 않기

교과 성적도 매우 우수하고 학교 활동도 매우 다양하고 열정적으로 한 학생이어서 면접 전부터 기대가 컸던 학생이 있습니다. 하지만 이 학생은 시작부터 끝까지 너무 긴장을 했습니다. 그 긴장감이 자신의 역량을 10퍼센트도 발휘하지 못하게 가로막는 장애가 되었습니다. 긴장하지 말고 편안하게 답변하도록 수시로 안내하고 안정적인 면접 분위기를 이끌도록 최선을 다했으나 학생은 끝까지 긴장을 풀지 못했습니다. 결국 면접에서 좋은 평가를 받지 못했지요. 이런 경우는 평가자로서도 무척 아쉽기만 합니다. 학생의 숨은 잠재역량을 끝까지 이끌어내지 못했다는 제 자신의 무능함을 다시 한 번 확인한 순간이기도 했습니다.

심하게 떨리는 목소리, 쉬운 질문에도 바로 대응하지 못하고 더듬는 반응, 시선을 고정하지 못하는 불안감, 한 순간도 제자리에 있지 못하는 손과 손가락, 평소 습관처럼 덜덜 떠는 다리, 책상 위에 팔을 얹거나 다리를 꼬는 행위 등 이루 말할 수 없이 다양한 반응들이 면접 현장에서 나타나곤 합니다. 긴장감을 해소하기 위한 특별한 방안은 없습니다. 자신의 종교에 따라 각종 기도문을 외우거나 자신이 좋아하는 사람이나 장소나 물건에 대한 기억을

회상하거나 평소 자신이 사용하던 향수를 뿌리는 등 어떤 방법을 사용해도 좋습니다. 긴장을 이겨내세요. 물론 긴장하지 않는 가장 좋은 방법은 면접 연습을 꾸준히 하는 것입니다.

📚 진실에 직면하기

면접은 자신이 가지고 있는 역량을 주로 음성언어의 형태로 드러내 보여주기 위한 절차입니다. 자신의 역량을 충분히 발휘하지 못한다면 무척 아쉽고 안타까운 일입니다. 하지만 자신의 역량보다 더 뛰어난 모습을 보여줄 수는 없습니다. 그것은 진실과 거리가 먼 일이 될 테니까요. 자신의 상황과 역량이라는 진실에 직면하는 것이 중요합니다.

면접 질문에서 혹시 잘 모르는 질문을 받으면 그 진실의 순간과 직면한 것이라고 생각하면 됩니다. 어떤 학생은 잘 모르는 것에 대해 억지로 답변을 하려고 애쓰기도 합니다. 또 어떤 학생은 분명히 모르는 것인데도 마치 잘 알고 있는 것처럼 주변의 이야기를 어수선하게 늘어놓기도 합니다. 모두가 자신과 평가자를 속이는 행위입니다.

모르면 모른다고 하는 것, 기억이 나지 않으면 기억나지 않는다고 하는 것은 매우 중요합니다. 모른다는 사실은 부끄러운 일이 아닙니다. 기억나지 않는 것 역시 마찬가지입니다. 그 사실을 있는 그대로 인정하고 받아들이는 것이 중요합니다. 그리고 그에 대해 능동적으로 대응하는 것이 더 낫습니다.

- 사실 그것은 제가 잘 모르는 내용입니다. 그와 관련한 다른 질문을 해주시면 안 되겠습니까?
- 그 활동은 너무 오래 전 일이라 사실 잘 기억이 나지 않습니다. 잠시만 생각할 시간을 주십시오.
- 제가 그 책을 읽기는 했지만 솔직히 너무 어려워서 이해할 수 없었습니다. 하지만 그 책과 관련한 ○○○ 이론에 대해서는 충분히 알고 있습니다. 그 부분에 대해 설명해드려도 되겠습니까?
- 제가 미처 예상해본 적이 없는 질문이라 당황스럽습니다. 잠시만 생각할 시간을 주시면 좋겠습니다.
- 그 이론에 대해서는 사실 잘 모르겠습니다. 하지만 ○○○과 관련한 ○○○이라는 책을 읽은 적은 있습니다. 그에 대한 제 견해를 말씀드려도 될까요?

모른다는 사실, 기억나지 않는다는 사실에 직면하고 그것을 인정하는 것, 그리고 그에 대해 능동적으로 대응하는 것이 더 중요합니다. 면접은 자신의 무능력이 노출되는 자리가 아닙니다. 오히려 자신은 비록 부족하지만 여전히 그 학과에 대한 진정성과

적극성을 가지고 있음을 간절히 보여주는 기회로 활용하는 것이
더 좋습니다.

📚 당당하게걷기

겸손한 태도는 매우 바람직한 덕목입니다. 분명 역량도 뛰어나
고 면접도 잘 한 학생인데도 들어와서부터 나갈 때까지 뭔가 죄
를 지은 사람처럼 행동하고 조심스러워하는 것을 본 적이 있습니
다. 그것이 성적에 결정적인 영향을 주지는 않지만 평가자로서는
무척 민망한 순간이기는 합니다. 겸손함을 유지하는 것과 자격지
심을 드러내는 것은 다릅니다. 여러분은 모두 이 나라의 미래를
이끌어갈 위대한 인물임을 기억하시기 바랍니다.

휠체어를 타고 들어와서 나가는 순간까지 무척이나 당당한 자
세를 지키면서도 시종일관 온화한 미소로 면접에 임했던 학생이
기억납니다. 저렇게 작고 힘겨운 몸에서 어떻게 저렇게 당당한
표정과 따뜻한 미소가 넘치는지 부럽기도 했습니다. 천사를 만난
기분으로 면접을 진행했던 그 기억이 지금도 잊히지 않습니다.

면접고사장에 노크를 하고 당당하게 들어오세요. 들어와서 인
사는 겸손하게 하시면 됩니다. 자리에 앉아서 면접에 임하는 자
세도 당당하면 좋겠습니다. 내일 당장 지구가 멸망하더라도 나는
나로서 존재함을 잊지 않겠다는 꼿꼿한 자존심은 남겨두길 바랍

니다. 면접이 끝나면 겸손하게 인사해주세요. 뒤도 돌아보지 않고 문을 닫고 나가는 학생의 발걸음은 면접관들에게 작은 상처를 남긴답니다. 면접은 고사장에 들어오기 전부터 나가고 난 뒤까지 지속됩니다. 여러분이 가지고 온 에너지와 남겨두고 간 향기가 그만큼 크고 오래 간다는 뜻입니다. 당당하게 걸으세요. 겸손하게 대응하세요. 그 두 가지 사이에서 중용을 지키는 일이 중요합니다.

오랜 준비와 기다림 끝에 드디어 면접고사 당일이 되었습니다. 그동안 준비한 것들이 헛되지 않도록 끝까지 최선을 다하셔야 합니다.

Chapter 8

면접고사일
대처하기

1

면접고사일
준비사항
점검하기

면접고사일에는 해당 대학에서 요구하는 서류를 잘 준비해야
합니다. 대체로 수험표와 신분증은 반드시 지참하도록 요구하고
있습니다. 특히 신분증의 경우 사진과 주민등록번호가 있는 것을
준비해야 본인 확인이 가능합니다. 학생증이 아닌 주민등록증이
제일 유용할 것입니다. 또한 면접고사장의 위치나 출입구를 잘 모
르면 공연히 시간에 늦고 당황하는 상황이 생길 수도 있으므로

사전에 잘 확인해두시면 좋습니다. 일부러 대학에 방문하는 분들도 많지만 요즘은 대학 홈페이지 등에 학교 위치가 자세히 표기되어 있으니 그런 것을 잘 참고하시면 됩니다.

지방에 거주하면서 수도권 대학에 와서 시험을 치르는 경우에는 더 답답한 마음이 많으시리라 생각합니다. 면접 때문에 일부러 먼 거리를 이동해야 하고 수도권에 거주할 곳이 없으면 전날에 와서 숙소도 정해야 하는 번거로움도 있습니다. 블라인드 면접 전에는 그런 모든 요소들을 고려하여 수험생에게 위로나 격려의 말을 해줄 수도 있었는데 지금은 그렇게 할 수도 없게 되었습니다. 혹시 먼 거리를 이동하여 면접에 참여했는데 면접관에게 쌀쌀맞은 느낌만 받고 떠나게 되는 일이 있어도 너무 서운해 하지 않았으면 좋겠습니다.

또한 면접고사 당일에 개인 전자기기 문제는 잘 확인하시기 바랍니다. 고사장에 못 들고 들어가는 경우도 있고, 면접 대기실에서 수거하는 경우도 있습니다. 대체로 면접 대기실에서 수거한 후 고사 후에 돌려주는 방식들이 많을 텐데 그런 사항들을 잘 고려하시기 바랍니다.

블라인드 면접 규칙에 따라 교복 착용도 금지됩니다. 언젠가 학부모님에게 특이한 민원 전화를 받은 적이 있습니다. 교복을 못 입으면 뭘 입고 가야 하느냐고 물으시더군요. 아무 옷이나 입어도 된다고 했습니다. 그분은 다시 다른 학생들은 양복이나 정장을 입고 갔는데 우리 아이만 청바지 입고 가면 불이익을 받지 않겠냐고 물으셨습니다. 학부모님들이 얼마나 자녀들의 입시에 대해 불안해하는지 알 수 있는 통화였습니다. 복장이 화려하거나 멋질 필요가 없습니다. 학생다운 평범한 옷이면 됩니다.

가장 중요한 것은 마음의 준비입니다. 최선을 다해서 면접에 임하겠다는 다짐입니다. 그런 마음만 잘 준비하면 좋겠습니다.

2

대면 면접
준비사항과
대처방법

코로나 사태 이전에는 대면 면접이 당연시되었습니다. 면접을
영상으로 본다는 것은 상상도 할 수 없었지요. 하지만 지금은 대
학의 상황이나 코로나의 심각성 여부에 따라 대면과 비대면 두
가지 방식의 면접이 혼용되고 있습니다. 대면 면접의 경우는 복
장, 준비물, 입실 시각을 잘 확인하시면 됩니다. 앞에서 설명한 것
처럼 겸손함과 당당함을 잃지 않는 균형 잡힌 중용의 자세를 유

지하시면 됩니다.

자신의 면접 순서에 따라 면접을 일찍 보고 끝낼 수도 있고 긴 시간을 기다려야 할 수도 있습니다. 기다리는 동안의 무료함을 달래기 위해 책을 들고 오는 학생들도 있는데 대체로 수험표와 학교생활기록부, 자기소개서 정도 외에는 지참하지 못하는 경우가 많습니다. 책을 들고 와서 읽어도 머리에 들어가지 않을 겁니다.

대기실에서 기다리는 동안 할 수 있는 최선의 방법은 학생부와 자소서를 꼼꼼하게 점검하는 일입니다. 면접 연습 기간에 했던 예상 질문을 늘어놓고 하나씩 점검해보는 일입니다. 서류 기반 면접은 대체로 학생들이 예상했던 질문들이 나오기 마련입니다. 자신의 활동에 대해 점검해보고 전공과 관련한 부분에서 혹시 놓친 것은 없는지 점검하는 시간으로 활용하기 바랍니다.

면접 고사장에는 대부분 자신이 스스로 노크를 하고 들어오는 경우가 많습니다. 대기실에서 안내해주는 분들이 문을 열어주면 그대로 들어오면 됩니다. 고사장에 들어오면 면접관들이 자신을 보고 있는지 확인한 후 인사를 하세요. 들어오자마자 허리를 굽혀 인사를 하는데 면접관들은 서류를 검토하느라 못보고 있을 수도 있습니다. 시선을 마주친 후 차분하게 인사를 하면 됩니다.

어떤 학생들은 자신이 먼저 '앉아도 되겠습니까?'하고 묻는 경우도 있습니다. 인사를 하고 나면 면접관이 어서 오라든지 앉으라든지 지시하는 말이 있을 것입니다. 그 말에 따르면 됩니다. 블라인드 면접 전에는 고사장에 들어오자마자 인사를 하고 큰소리로 자기소개를 시작하는 용감한 학생들도 많았습니다. 지금은 자기 이름이나 학교를 말할 수 없어서 그런 일은 많이 줄었습니다.

자리에 앉으면 면접관이 간단한 인사를 먼저 건네거나 학생을 확인하는 절차를 거치게 됩니다. 블라인드 면접에 따라 수험번호를 쓸 수 없으니 학교에서 임시로 준 '가번호'로 학생을 호명할 수밖에 없을 것입니다. 지역이나 학교나 이름을 말할 수 없으니 예전처럼 간단한 자기소개를 해보라는 말도 없을 것입니다. 가끔 이름이나 학교를 말하지 말고 자기소개를 해보라는 까다로운 주문으로 시작할 수도 있으나 그것이 학생을 평가하려는 시도라기보다는 긴장을 풀어 면접을 원활하게 하려는 의도임을 생각해주면 좋겠습니다.

그런 일련의 진행 후에 본격적인 면접 질문이 시작될 것입니다. 그동안 준비한 자신의 역량을 최대한 발휘하시기 바랍니다. 물론 이 시간부터 머릿속이 하얗게 지워지면서 아무 생각도 떠오르지 않고 면접이 끝나고 나간 후에도 어떻게 대답했는지 기억나지 않는 신비한 체험을 할 수도 있을 것입니다. 그렇더라도 당황할 필요는 없습니다. 대부분의 학생들이 경험하는 일입니다.

최선을 다해서 면접을 끝내고 나면 면접관이 '마지막으로 남길 말(저는 이런 표현을 쓰지 않습니다. 마치 세상을 뜨기 전에 유언을 받는 기분이 들어서 말입니다.)'이나 '끝으로 하고 싶은 말'이나 '이 말을 하려고 준비했으나 물어보지 않아서 서운한 말' 등을 하도록 배려해주기도 합니다. 그 대목을 미리 잘 준비해두시는 것이 좋습니다. 마지막 한 마디가 전체 면접 분위기를 전환하는 결정적인 계기를 마련하기도 하는 까닭입니다. 지원 전공에 대한 열정을 보여주고 최선을 다하겠다는 의지를 표현하는 소중한 시간으로 활용하면 좋겠습니다.

모든 면접이 끝나고 나면 처음 들어온 것처럼 정중하게 인사를 하고 나가면 됩니다. 면접이 끝났다고 뒤도 돌아보지 않고 문을 세차게 닫으며 떠나는 순간 마지막 남은 인성 점수도 함께 떠난다고 생각하면 됩니다. 면접은 고사실에 들어오는 순간부터 나가는 순간까지 평가의 대상이 된다는 점을 기억하시기 바랍니다.

3

온라인 면접 준비사항과 대처방법

    코로나 사태의 심화로 인해 온라인 면접이 늘어가는 추세입니다. 여기에는 학생이 대학에 방문한 후에 면접관과 다른 고사실에 앉아서 화상으로 면접을 진행하는 방식(학교 방문 비대면 면접 방식), 대학에 직접 방문하지 않고 집이나 학교 등 학생이 선택한 개별적인 장소에서 온라인으로 면접을 진행하는 방식(완전 온라인 비대면 면접 방식), 대학에서 제시한 면접 문제에 대해 자신이 답변하는 영상을 직접 찍어 동영상 파일로 제공하는 방식(온라인 업로드 방식) 등이 있습니다.

개인적으로는 어느 방식이든 대면 면접의 효과를 대체할 만한 방법은 없다고 생각합니다. 면접이란 현장성이 강한 평가 방식이어서 면접 고사장에서 학생이 대응하는 태도가 평가에 영향을 미치는 면이 많기 때문입니다. 하지만 코로나로 인해 학교 수업도 원만하게 진행되기 어려운 상황에서 비대면 방식의 면접이라도 운영하는 것이 낫겠지요. 아예 면접을 폐지하자는 주장도 있는 것으로 압니다.

하지만 이 부분에 대해서는 신중한 성찰이 필요합니다. 면접은 단순히 학생의 얼굴을 보고 말하기 평가를 하는 것이 아닙니다. 면접은 단순히 서류평가를 보완하는 수준의 평가도 아닙니다. 학생의 고등학교 생활 전반이 기록된 학생부를 면밀하게 해석하고 그 내용을 보완한 자소서를 점검하여 평가하는 것이 학생부종합전형 서류평가의 실제라고 한다면, 그 결과에 더해서 학생에게 직접 자신의 역량을 언어로 표현하는 기회를 주어 서류평가의 오류를 교정하고 서류로 확인할 수 없는 잠재력과 인성 등 다양한 측면을 직접 평가하기 위한 방식입니다.

면접의 중요성은 단순히 평가 배점의 비율로 나타낼 수 없는 측면이 있습니다. 우리나라처럼 입시의 다양성보다는 단순화와 획일화와 간소화 등이 강조되는 나라에서 면접마저 사라지게 되면 결국 학생의 다양한 측면을 종합적으로 평가하겠다는 학생부종합전형의 취지는 퇴색하고 말 것입니다. 개정 교육과정이 확산되고 절대평가나 등급제 등이 도입되면 점차 면접 평가의 필요성과 중요성이 대두되어야 할 시기가 올 것입니다. 단순히 성적만으로 학생들을 줄 세우지 않고 학생이 가진 다양한 특성과 역량을 평가하기 위해서도 면접 평가는 더 심화되고 더 다양화하고 더 섬세하게 발전해야만 할 것입니다.

어쨌든 지금은 아쉽게도 코로나로 인한 온라인 비대면 면접이 진행되고 있습니다. 온라인 면접의 준비사항은 각 대학에서 제시하는 면접 지침에 따라 준비하면 됩니다. 이미 온라인 수업에 익숙한 학생들이기에 온라인 면접도 어려움 없이 잘 적응하는 것을 확인했습니다. 온라인 면접에서 걱정스러운 점 몇 가지만 말씀드리고자 합니다.

📚 비대면 방식 면접도 대면 면접과 같은 긴장감을 유지하시기 바랍니다

영상으로 면접관을 대하는 경우에 간혹 온라인 수업과 같은 여유로운 모습이나 표정, 흐트러진 모습을 보이는 경우들이 있습니다. 하지만 온라인 면접 역시 면접고사입니다. 진지한 자세로 면접에 임하는 것이 중요합니다. 실제 사람의 얼굴이 아니라는 점에서 자기도 모르게 느슨해질 수 있는 긴장의 끈을 스스로 동여매고 면접에 참여해야 합니다.

📚 면접관이 오해할 만한 여지를 남기지 마십시오

면접관과 학생 사이에는 모니터 외에는 아무 것도 없습니다. 학생 주변을 돌아볼 방법도 없습니다. 학생이 미리 준비한 모범 답안이나 참고서 등을 모니터 옆에 펼쳐놓고 본다고 해서 확인할 방법도 없습니다. 오직 학생의 얼굴만 바라보며 면접을 진행할 수밖에 없습니다. 그러다보니 학생의 사소한 동작 하나 눈길 하나에 전부 신경을 쓸 수밖에 없습니다.

학생이 정면 카메라를 응시하고 친절한 미소로 적극적인 답변을 하는 경우는 무척 다행스러우나 간혹 카메라가 아닌 부분을 쳐다보는 경우, 시선이 책을 읽듯이 계속 옆으로 왕복하며 이동하는 경우, 뭔가 모니터 이외의 다른 쪽을 보고 있는 것처럼 보이는 경우 등 다양한 상황에 대해서 일일이 점검할 시간이 없습니다. 하지만 인성이나 태도에서 좋은 점수를 받지 못할 확률은 더 커질 것입니다. 그러니 면접관이 오해할 수 있는 여지를 남기지 않고 정직하게 대응하여 면접에 임하는 것이 좋습니다.

📚 대면 면접에서와 같은 언어 예절을 지켜주십시오

사람은 워낙 특이한 존재여서 평소 얼굴과 얼굴을 대하고 볼 때는 예의범절을 잘 갖추다가도 다른 매개물을 사이에 두게 되면 거리감이 생기게 됩니다. 더구나 온라인 면접을 진행하는 곳은 낯선 대학의 어떤 고사실이 아닌 자신이 거주하던 공간일 확률이 높습니다. 그렇게 되면 학생들은 긴장감을 놓치고 평소의 언어습관이나 생활습관이 무의식중에 표출되는 경우가 생깁니다. 온라인 면접 역시 대면 면접과 마찬가지로 면접관과 직접 상대하는 면접이라는 긴장감을 유지하여 언어 예절을 지켜주시기 바랍니다. 그것이 실수를 줄이는 최선의 방법입니다.

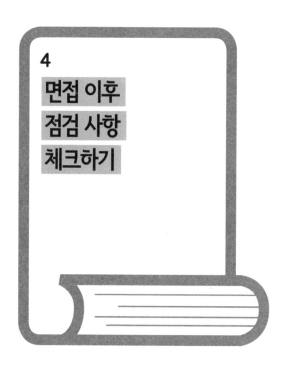

4

면접 이후
점검 사항
체크하기

수시 모집은 여섯 번의 기회가 있습니다. 한 대학에 여섯 가지 전형 모두를 지원하거나 여섯 대학에 각각 지원할 수 있습니다. 면접 일정이 겹치는 대학을 제외하면 선택의 폭은 그리 넓지 않을 것입니다. 이런 이야기를 하는 이유는 면접 이후 점검 사항 체크의 중요성을 말씀드리기 위해서입니다.

대체로 수시 전형은 면접을 끝으로 모두 끝난다고 생각합니다.

면접이 끝나면 모든 입시 일정에서 해방되었다고 느끼기 쉽습니다. 하지만 우리에게는 아직 많은 카드가 남아 있음을 기억하십시오. 다른 대학 다른 전형을 위한 면접 준비도 해야만 할 수 있습니다. 혹 모든 전형이 다 마무리되어서 정말 더 이상 준비할 입시가 없다고 할지라도 아직 수시 합격자 발표는 나오지 않았고, 정시가 남아 있음을 기억하시기 바랍니다. 정말 최악의 경우에는 내년 수시나 정시까지 고려해야 하는 상황도 생길 수 있습니다.

그러므로 면접이 끝나면 모든 것을 훌훌 벗어던지지 마시고 반드시 자기 점검을 하시기 바랍니다. 이 자기 점검은 반드시 입시를 대비해서만 필요한 것은 아닙니다. 우리는 모든 행위에 대해 철저히 자신을 돌아보는 과정을 통해서 자신의 부족한 부분을 더욱 개발하고 성장 발전하게 할 수 있는 잠재력을 가진 사람들이기 때문입니다. 다음과 같은 점검을 하시기 바랍니다.

📚 면접의 전 과정에서 연습한 만큼의 역량을 잘 발휘하였는가?

자신의 면접 전 과정을 정밀하게 점검해보세요. 자신이 예측한 질문이거나 예측하지 못했던 질문이거나 자신의 답변은 최선을 다한 것이었는지 확인하시기 바랍니다. 자신의 역량을 최대한 발휘한 평가였는지 점검해보세요. 이런 작업은 다른 시험에서도 동

일하게 중요합니다. 자신의 행동 결과를 정밀하게 돌아보는 행위
는 앞으로 더 나은 방향의 발전을 도모할 수 있는 근거가 됩니다.

📚 예측한 면접 질문이나 후속 질문은 어느 정도 적중하였는가?

학교생활기록부나 자기소개서를 토대로 예측했던 질문이 얼마
나 적중했는지 점검해보세요. 그것은 자신이 평가의 자료를 얼마
나 정확하게 읽었는지, 평가자의 의중을 얼마나 정확하게 예측했
는지 확인하는 작업입니다. 학생부와 자소서를 읽어내는 능력, 그
내용을 전공적합성 등을 기준으로 판단하는 능력, 평가자의 의중
을 헤아리는 능력을 점검할 수 있습니다. 이런 자기반성은 향후
다른 활동이나 학습에도 유용한 피드백 역량을 발휘하게 할 수
있습니다. 우리가 하는 어떤 활동이든 그것을 무사히 끝내는 것
도 중요하지만 그에 대한 반성과 자기 점검을 통해 더 발전적으
로 자신을 성장하도록 준비하는 것도 중요합니다.

📚 말하기 방식이나 대면 태도는 면접 이전에 비해 얼마나 성장하였는가?

모든 평가는 결국 평가 대상자에게 일정한 변화를 가져옵니다. 변화와 성장이 없는 평가는 무의미합니다. 면접을 통해서 자신의 말하기와 대면 방식에 어떤 변화와 성장이 일어났는지 점검하시기 바랍니다. 아무런 발전이 없는 평가는 무용한 것입니다.

📚 면접을 준비하는 일련의 과정을 통해서 나는 어떤 발전을 이루었는가?

우리는 이미 고등학교 1학년부터 면접을 준비해야 함을 알고 있습니다. 그리고 이 글에서는 면접이라는 하나의 요소를 중심으로 어떤 준비가 필요한지를 다루었습니다. 그 일련의 과정이 자신에게 어떤 발전을 가져왔는지 정리해봅시다. 정말 면접은 우리 교육현장을 변화시키는 요소가 되었는지, 자신의 학업역량을 발전시키는 계기가 되었는지 냉정하게 점검해보는 시간을 만들어보세요.

📚 면접이 나에게 가져온 궁극적인 변화는 무엇인가?

면접은 나에게 무엇일까요? 우리는 고등학교 전 과정을 마치 대학수학능력시험이라는 한 편의 시험으로 귀결시키는 것만 같은 이상한 교육 환경에서 살고 있습니다. 하지만 고등학교 3년의 소중한 시간이 한 번의 시험으로 결말을 맺는다는 것처럼 불쌍하고 슬픈 이야기는 없을 것입니다. 고등학교 시절이란 인생에서 다시 오지 않을 소중한 시간입니다. 그 시간을 자신의 언어로, 자신의 생각으로, 자신의 준비와 노력으로 이루어내는 일은 그 무엇보다 중요한 사건입니다.

면접은 그 역사의 한 부분에 있습니다. 비록 면접을 준비하는 일이 복판을 울리는 일이 아니라 변죽만 치는 일이 된다 할지라도 그것을 통해 전체가 흔들리는 커다란 반향이 일어날 수 있다면 좋겠습니다. 내가 나 자신의 변화를 가져온 내 인생의 주역으로 우뚝 서있는지 확인해보면 좋겠습니다.

대한민국 입학사정관의
대학입시 합격비법

부록

대학입학전형 기본 사항 안내

한국대학교육협의회(대교협)에서는 해마다 그해의 대학입학전형 기본 사항을 발표합니다. 이 내용은 2022학년도 대학입학전형 기본 사항 중 중요 내용을 요약 정리한 것입니다.

□ 전형별 기본사항

1. 일반전형 : 일반학생 대상으로 보편적인 교육 기준에 따라 학생을 선발하는 전형
▷ 일반적으로 대부분의 고등학생들에게 해당하는 전형입니다.

2. 특별전형 : 특별한 경력이나 소질 등 대학이 제시하는 기준 또는 차등적인 교육적 보상 기준에 의한 전형이 필요한 자를 대상으로 선발하는 전형

가. 정원 내 특별전형 : 대학이 입학정원 내에서 자율적으로 독자적 기준 및 차등적 보상 기준이 필요한 자를 대상으로 별도 지원 자격을 정하여 선발
나. 정원 외 특별전형 : 고등교육을 받을 기회를 균등하게 제공하기 위해 소득이나 지역 등의 차이를 고려하여 선발할 필요가 있는 경우 대학에서 자율적으로 실시

– 농어촌학생 특별전형
– 특성화고교졸업자 특별전형
– 재외국민과 외국인 특별전형
– 기초생활수급자, 차상위계층, 한부모가족 지원대상자 특별전형
– 특성화고 등을 졸업한 재직자 특별전형
– 장애, 지체로 인한 특별한 교육적 필요 대상자 특별전형
▷ 특별한 자격 요건을 갖춘 대상자들에게 대학 지원의 기회를 더 주는 경우라고 생각할 수 있습니다.

3. 특별전형 세부사항
가. 특별전형의 분류

구분	대학입학전형기본사항에 의한 특별전형	대학이 정한 기준에 의한 특별전형 (예시)
정원 내	국가보훈대상자 만학도 지역인재 농어촌학생 특성화고교졸업자 기초생활수급자, 차상위계층, 한부모가족 지원대상자 특성화고 등을 졸업한 재직자 장애인 등 대상자 서해 5도 학생	검정고시 출신자 대안학교 출신자 다문화가정 자녀 다자녀가정 자녀 제3국 출생 북한이탈주민 자녀 종교 관련 특기자(예체능, 어학 등) 산업대학 우선선발
정원 외	농어촌학생 특성화고교졸업자 기초생활수급자, 차상위계층, 한부모가족 지원대상자 특성화고 등을 졸업한 재직자 장애인 등 대상자 서해 5도 학생	

▷ 특별전형의 종류와 내용은 대학별로 차이가 있습니다. 반드시 각 대학별 모집
   요강을 확인하시기 바랍니다.

나. 고른기회 특별전형
– 다음의 지원자격을 '고른기회 특별전형'으로 설정할 수 있음

– 국가보훈대상자	– 장애인 등 대상자
– 농어촌학생	– 서해 5도 학생
– 기초생활수급자, 차상위계층, 한부모가족 지원대상자	– 만학도
– 특성화고교졸업자	– 지역인재
– 특성화고 등을 졸업한 재직자	

▷ 고른기회 특별전형의 내용은 대학별로 차이가 있습니다.
▷ 국가보훈대상자의 경우 보훈처에서 발행하는 '대학입학 특별전형 대상자 증
   명서'만 제출하면 되므로 지원 자격이 된다면 반드시 지원하셔야 합니다.

다. 특기자 특별전형
– 특기와 관련된 경기(대회) 참여 경력, 입(수)상실적, 자격(증), 성적 등을 지원자
   격으로 요구하거나 전형요소로 활용하는 전형
▷ 대학별로 다양한 종류의 특기자 특별전형이 있습니다. 대학별 모집요강을 확
   인하세요.

라. 농어촌학생 특별전형
– 고등교육법 시행령 제29조 제2항 제14호 '가'목에 해당하는 사람 : 학교의 장
   이 정하는 농어촌 지역 또는 '도서 벽지 교육진흥법' 제2조에 따른 도서 벽지의
   학생
– 유형 I : 학생 본인이 농어촌 소재지 학교에서 중·고 전 교육과정을 이수하고
   농어촌 지역에 학생과 부모 모두가 거주하는 유형
– 유형 II : 학생 본인이 농어촌 소재지 학교에서 초·중·고 전 교육과정을 이수하
   고 농어촌 지역에 거주하는 유형

– 위 두 유형 모두 재학기간과 거주기간은 연속된 연수만을 인정함

▷ 농어촌학생 특별전형은 두 종류가 있습니다.

하나는 부모와 학생이 함께 농어촌 지역에 거주하면서 학생이 농어촌 지역 중·고등학교 6년 과정을 모두 이수한 경우(유형Ⅰ)입니다. 다른 하나는 학생 혼자 농어촌 지역에 거주하면서 초·중·고 12년 전 과정을 모두 이수한 경우(유형Ⅱ)입니다.

이 전형에서 유의할 점은 6년형의 경우 부·모·학생이 모두 6년 동안 행정구역상 읍면지역(태백시 포함)에 반드시 거주해야 한다는 것과 학생이 재학한 학교 소재지 역시 읍면지역(태백시 포함)이어야 한다는 것입니다. 12년형은 이러한 조건이 학생에게만 적용된다는 차이가 있습니다.

6년형의 경우에 부·모가 함께 거주해야 한다는 조건 때문에 여러 가지 어려움이 있습니다. 특히 부모가 이혼한 경우에 복잡한 문제가 발생합니다. 혼인관계증명서에 나타난 이혼날짜 이전까지는 반드시 부모가 모두 읍면지역에 거주해야 합니다. 학생의 중·고등학교 재학 중 부모 중 어느 한쪽이라도 읍면지역을 벗어나게 되면 지원 자격을 상실합니다.

또한 농어촌학교에 연속으로 재학해야 한다는 제한점이 있습니다. 자퇴 후 복학이나 유예 등의 사유가 있으면 지원 자격을 상실합니다.

마. 특성화고교졸업자 특별전형
– 고등교육법 시행령 제29조 제2항 제14호 '나'목에 해당하는 사람 : '초·중등교육법 시행령' 제91조 제1항에 따른 특성화고등학교 중 자연현장실습 등 체험위주의 교육을 전문으로 실시하는 고등학교를 제외한 학교의 졸업자
– 특성화고교 졸업자 및 해당 전형년도 졸업예정자를 대상으로 함
– 특성화고등학교는 특성화고 및 특성화고와 같은 교육과정을 운영하는 학과가 있는 일반고(종합고)를 의미함
– 종합고의 일반고 교육과정 졸업(예정)자는 대상에서 제외됨
– 산업수요 맞춤형 고등학교(마이스터고등학교) 졸업생은 특성화고교졸업자 특

별전형 대상에서 제외됨

– 고등교육법 제2조 제1호·제2호·제4호 및 제6호의 규정에 따른 학교에 입학하는 경우로서 해당 학교의 장이 특성화고등학교에 설치된 학과와 동일 계열이라고 인정하는 모집단위에 한함

▷ 특성화고졸업자 또는 졸업예정자가 지원할 수 있는 전형입니다. 자신이 전공한 학과와 동일 계열 학과에만 지원할 수 있다는 제한점이 있으므로 지원 대학과 해당 학과를 미리 확인하셔야 합니다.

바. 특성화고 등을 졸업한 재직자 특별전형

– 자격기준 : 고등교육법 시행령 제29조 제2항 제14호 '다'목에 해당하는 사람

다. 다음의 어느 하나에 해당하는 사람으로서 산업체 근무 경력이 3년 이상인 재직자
1) 초·중등교육법 시행령 제76조의 3 제1호에 따른 일반고등학교에 재학하는 동안 시·도 교육감이 직업교육훈련촉진법에 따른 직업교육훈련기간 중 직업교육훈련위탁기관으로 선정한 기관에서 1년 이상의 직업교육훈련 과정을 이수하고 해당 일반고등학교를 졸업한 사람
2) 초·중등교육법 시행령 제90조 제1항 제10호에 따른 산업수요 맞춤형 고등학교를 졸업한 사람
3) 특성화고등학교등을 졸업한 사람
4) 평생교육법 제31조 제2항에 따른 학력인정 평생교육시설 중 특성화고등학교 등에서 제공하는 것과 같은 교육과정을 운영하는 평생교육시설에서 해당 교육과정을 이수한 사람

▷ 특성화고 등을 졸업한 이후 입학일 기준 3년 이상 재직한 사람들이 지원할 수 있는 전형입니다. 선취업 후진학을 목표로 한 전형이라 경쟁률 등에서 훨씬 유리한 전형이라 할 수 있습니다. 군 경력도 재직 경력에 포함되므로 미리 지원 대학에 문의하시고 자신의 재직 기간을 환산해보는 것이 중요합니다.

사. 기초생활수급자, 차상위계층, 한부모가족 지원대상자 특별전형

– 자격기준 : 고등교육법 시행령 제29조 제2항 제14호 '라'목에 해당하는 사람

라. 다음의 어느 하나에 해당하는 사람

1) 국민기초생활 보장법 제2조 제1호에 따른 수급권자

2) 국민기초생활 보장법 제2조 제10호에 따른 차상위계층

3) 한부모가족지원법 제5조 및 제5조의 2에 따른 지원대상자

▷ 기초생활수급자 등을 특별히 배려한 전형입니다. 모집인원이 많지 않으나 상대적으로 지원 경쟁률 등에서 유리한 부분이 많으므로 지원 자격만 되면 꼭 놓치지 말아야 할 전형입니다.

아. 장애인 등 대상자 특별전형

– 법령상 지원자격

1) 고등교육법 시행령 제29조 제2항 제4호에 따라 각종 장애 또는 지체로 인하여 특별한 교육적 요구가 있는 자로서 대학의 장이 정하는 자

2) 단 수험생의 장애 정도에 따라 합리적인 자격기준을 대학 내 대학입학전형관리위원회의 심의를 거쳐 정하여야 하며, 특정 학과나 특정 장애 유형에 한정하여 지원자격을 제한하지 않도록 하고, 전형 취지에 부합하는 평가요소 및 평가방법 등을 도입하여 중증 장애 학생 등이 선발에서 배제되는 일이 없도록 운영함

3) 기타 국가보훈 관계 법령에 의한 상이 및 장애등급자도 대상자로 정할 수 있음

▷ 장애인 등 대상자에 대한 대학별 기준을 확인하시기 바랍니다.

※ 기타 재외국민과 외국인 특별전형, 산업체 위탁교육생 등은 대학별 기준을 참고할 것

□ 전형요소

1. 학교생활기록부

가. 작성기준일

– 수시모집 : 그 해 8월말

- 정시모집 : 그 해 11월말

▷ 수시모집인 학생부종합전형은 학교생활기록부 내용을 3학년 1학기까지만 반영할 수밖에 없습니다. 다만 졸업생의 경우는 3학년 2학기까지의 모든 내용을 반영할 수 있습니다. 수시모집 준비 및 지원에 이런 점을 미리 고려해야 합니다.

나. 학생부위주 전형에서 학생부 이외의 제출 서류는 자기소개서 등으로만 한정되며 공인어학성적과 교과 관련 외부수상실적 제출은 금지함

▷ 검정고시 출신 지원자의 경우(비인가 대안학교 출신학생 포함) 각 대학에서 요구하는 학생부 대체 서류 또는 증빙서류 등을 잘 확인하셔야 합니다.

2. 대학수학능력시험

가. 대학수학능력시험 점수의 활용

- 최저학력기준으로 활용할 경우 '등급'으로만 설정함

- 대학수학능력시험을 최저학력기준으로 적용하거나 정시에서 전형요소로 활용할 경우, 예측 및 지원 가능성 확대를 위해 수능 응시영역 또는 반영영역과 반영 비율, 수능 가(감)산점 등에 대한 적절한 기준을 설정하도록 권고함

나. 대학수학능력시험 '한국사' 필수 지정 취지 실현 권고

- 대학은 대학수학능력시험 필수과목인 '한국사'를 전형요소로 활용함에 있어 최저학력기준 설정, 가산점 반영 등 다양한 방법을 자율적으로 설정할 수 있음

3. 대학별고사

가. 대학별고사(논술고사 등)는 가급적 시행하지 않도록 하고, 대학별고사보다는 학교생활기록부, 대학수학능력시험 등 대다수의 학생이 준비하는 전형요소 중심으로 시행하도록 권장함

- 대학별고사는 학생과 학부모의 불안 및 사교육비 증가 등의 우려를 감안하여 과거 국·영·수 중심의 본고사 형태의 지필고사가 되지 않도록 함

- 대학의 장은 논술 등 필답고사를 시행하는 경우 초·중등교육이 추구하는 본래

의 목적을 훼손하지 않도록 운영하여야 함

– 논술고사를 시행하는 경우, 고교 교육과정 범위와 수준 내에서 출제하여 학생 스스로 논술을 준비할 수 있도록 함(고교 교육과정 범위와 수준 내에서 논술고사 문제를 출제하기 위해 고교 교사를 논술고사 자문위원으로 위촉할 것을 권장함)

– 교과중심의 문제풀이식 구술형 면접은 가급적 지양하고, 적성고사는 실시할 수 없음

▷ 대학입학 기본 사항은 전체적으로 공교육만으로 충분히 소화할 수 있는 전형을 마련하고 사교육 의존도를 낮추는 방향으로 가고 있습니다. 이런 전형의 취지를 생각하면 면접 역시 학생부와 자기소개서를 위주로 한 서류 기반 면접이 맞는 방향이라고 생각합니다.

▷ 대학별 입시 모집 요강에 대한 더 상세한 자료(전형별 모집 학과 및 인원, 입시 결과 및 경쟁률 등)는 해당 대학 입학처 홈페이지, 대학 입시 포털 어디가, 한국 대학교육협의회 사이트 등을 통해 확인하실 수 있습니다.

면접준비 워크북

* 이 부록의 내용은 저자의 개인적인 견해일 뿐입니다.

* 부록의 내용을 학생의 상황에 맞게 적절히 응용하여 활용하시기 바랍니다.

1. 학교생활기록부 항목별 면접 준비(어문계열)

※ 학교생활기록부 항목별 전공 관련 활동 정리 및 예상 질문 만들기(연습 시트에 자신에 대한 내용을 직접 작성해봅시다.)

1) 출결상황 : 결석이나 지각 조퇴 등이 있는 경우

① 예상 질문 만들기

– O학년 O학기에 미인정 결석이 2일이나 있는데 그 이유를 설명해줄 수 있나요?

– 질병 결석이 3년 동안 꾸준히 있는데 대학생활을 건강하게 수행할 수 있나요?

– 진로 희망이 교사인 학생인데 지각, 조퇴 등이 여러 번 있습니다. 이에 대해 어떻게 설명할 수 있을까요?

– 연구원이 되려면 체력도 필요한데 이렇게 병결이 많아서 어떻게 할 것인지 궁금합니다. 학업과 체력 관리를 병행할 수 있는 계획은 있나요?

② 예상 답변 만들기

– O학년에 저는 학교생활에 매력을 느끼지 못하고 잠시 방황했습니다. 하지만 평소 존경하던 영어 선생님과 상담을 한 후로 인생에 대한 계획을 새롭게 세울 수 있었습니다. 대학에 합격하면 제가 세운 인생 계획을 실제로 이루기 위해 학

업이나 생활면에서 항상 최선을 다할 준비가 되어 있습니다.

- 평소 몸이 약해 병치레가 잦은 편입니다. 학습 계획을 무리하게 세우다보니 나타난 증상이라 생각합니다. 대학에 들어오면 제 체력 상황에 맞는 학업 계획을 세워 자기 관리를 철저히 할 생각입니다. 이미 학년별 학습 계획도 마련해둔 것이 있습니다.

③ 추가 질문 예측하기

- 인생에 대한 계획을 새롭게 세웠다고 했는데 지원 전공과 관련한 것이라면 잠시 소개해줄 수 있나요?
- 학년별 학습 계획에 체력 관리 계획도 포함된다면 그 내용을 설명해보세요.

2) 교과 및 세특

구분	지원 전공	1단계 전공 관련 활동 정리	2단계 예상 답변 만들기	3단계 예상 답변 만들기	4단계 추가 질문 만들기	5단계 추가 답변
인문 (예시)	어문 계열	- 문학 : 윤동주의 〈서시〉와 〈별 헤는 밤〉을 소재로 화자의 상황을 반영한 가상 시나리오를 만들어 조원들과 함께 동영상을 제작하여 발표함. 발표 내용이 우수하여 교내 축제에서 수정 상영하면서 전교생에게 큰 호응을 얻음 - 영어 : 김유정의 〈소나기〉와 황순원의 〈소나기〉를 비교하여 각각의 화자를 주인공으로 한 영어 대본을 작성하고 해당 내용을 토대로 연극을 연출하여 동아리 발표 대회에 출전하여 우수한 성적을 얻음	- 윤동주의 시 두 편을 소재로 가상 시나리오를 작성했다고 하는데 어떤 주제로 만들었는지 설명해주세요. - 김유정의 〈소나기〉와 황순원의 〈소나기〉는 제목만 같을 뿐 내용에 큰 차이가 있는데 두 작품의 화자를 주인공으로 연결한 이유는 무엇인지 설명해주세요.	- 윤동주의 시를 소재로 했기 때문에 당연히 일제 강점기 독립 운동가를 주인공으로 한 시나리오를 작성했습니다. 〈서시〉에 드러난 화자의 의지와 〈별 헤는 밤〉에 드러난 서정성을 중심으로 각색했는데… - 물론 두 작품의 공통성을 발견하기는 어렵습니다. 저는 제목의 동일성과 내용의 이질감을 중심으로 두 화자의 가상적인 만남을 소재로 한 연극을 만들었습니다. 그 내용을 간략하게 설명하자면…	- 시를 시나리오로 각색하기가 쉽지 않았을 텐데 이런 발상을 한 계기가 있다면 어떤 것인지 구체적으로 설명해주세요. - 시를 시나리오로 개작하거나 소설을 소재로 연극 대본을 만드는 등의 활동이 자신의 전공이나 희망 진로와 어떤 연관이 있다고 생각하는지 설명해주세요.	...
연습 시트						
연습 시트						

3) 수상경력

구분	지원전공	1단계 전공 관련 활동 정리	2단계 예상 답변 만들기	3단계 예상 답변 만들기	4단계 추가 질문 만들기	5단계 추가 답변
인문 (예시)	어문 계열	- 동아리 경진대회 최우수상 (공동) - '학생의 날' 기념 자유 주제 영어 말하기 대회 우수상 - 동아리 소개 UCC공모전 금상 수상	- 공동 수상한 동아리 경진대회에서 학생의 역할은 무엇이었는지 설명해주세요. - '학생의 날 기념' 자유 주제 영어 말하기 대회에서 학생이 선택한 주제는 무엇인가요? - 동아리 소개 UCC공모전에서 금상을 수상한 이유는 무엇인가요? 학생은 어떤 역할을 담당했나요?	- 저는 '영어로 대화하며 인생을 바꾸자'는 '영화인' 동아리 부장으로 활동하면서 다양한 영어 관련 활동을 주도했습니다. 특히 최우수상을 받은 경진대회에서는 잘 알려진 한국 소설의 화자를 주인공으로 한 영어 연극을 만들었는데 저는 대본 작성을 담당했습니다. - '학생의 날'을 기억하는 학생들이 줄어드는 요즘, 학생들이 이 사회의 부조리와 모순 해결의 주체가 되어야 한다는 취지의 말하기를 하였습니다.	- '영화인' 동아리를 통해서 학생이 가장 크게 얻은 것이 있다면 무엇인지 설명해주세요. - 요즘 같은 시기에 '학생의 날'을 기억하는 일이 왜 중요하다고 생각하나요?	…
연습 시트						
연습 시트						

4) 창의적 체험활동

구분	지원전공	1단계 전공 관련 활동 정리	2단계 예상 답변 만들기	3단계 예상 답변 만들기	4단계 추가 질문 만들기	5단계 추가 답변
인문 (예시)	어문 계열	- 영화인 동아리 : 한국 문학으로 영어 연극 만들기를 꾸준히 시도하여 학교 축제에서 실제 연극 공연을 하며 선생님들과 학생들에게 큰 호응을 얻었음 - 진로탐색 프로그램에서 영화감독 ○○○의 특강 '한국을 바꿀 영화'를 듣고 자신의 진로 선택에 큰 영향을 받았다고 함	- 학교 축제에서 공연한 두 편의 연극은 무엇인가요? 그 연극 공연에서 학생은 어떤 역할을 했는지 설명해주세요. - 영화감독의 특강을 듣고 진로 선택에 어떤 영향을 받았는지 구체적으로 설명해주세요.	- 하나는 황순원과 김유정의 동일한 제목의 소설 화자를 주인공으로 한 대화 형식의 코미디 연극이었습니다. 또 다른 하나는 박완서 선생님의 소설 〈그 여자네 집〉의 결말을 변형하여 곱단이와 만득이가 만나 일제 강점기의 고통에 대해 이야기하는 역사극이었습니다. 저는 이 두 작품 모두의 대본을 직접 작성했습니다. - 영화에 대해 욕심이 있었지만 너무 힘든 일이라 포기하고 있었는데 제가 존경하던 영화감독님의 특강을 듣고 나서 용기를 갖고 도전하게 되었습니다.	- 한국 문학을 영어 연극으로 꾸미는 일은 대단히 어려운 일이라 생각합니다. 가장 힘든 점은 무엇이었고 어떻게 해결했는지 설명해주세요. - 진로 희망이 영화를 만드는 일로 구체화된 것 같은데 자신이 영화를 만든다면 어떤 영화를 만들고 싶은지 구체적으로 이야기해 보세요.	⋯
연습 시트						
연습 시트						

5) 독서활동

구분	지원 전공	1단계 전공 관련 활동 정리	2단계 예상 답변 만들기	3단계 예상 답변 만들기	4단계 추가 질문 만들기	5단계 추가 답변
인문 (예시)	어문 계열	– 현대소설 독서 활동이 많음 – 평론, 언론 관련 도서, 고전, 영화 및 시나리오 관련 도서 등 독서 활동이 다채로움	– 한국 현대소설을 특히 많이 읽은 것 같은데 소설이 학생에게 미친 가장 긍정적인 영향은 무엇이라고 생각하나요? – 자신의 진로에 영향을 준 책이 있다면 무엇인지 설명해 보세요.	– 한국 현대소설이 저에게 미친 긍정적인 영향은 크게 두 가지입니다. 하나는 언어사용 능력이나 문장력의 신장입니다. 또 하나는 가치관 형성입니다. 특히 저는 OOO 선생님의 작품에 많은 영향을 받았는데, 그분의 작품은 대체로… – OOO 선생님의 OO 이라는 책은 저에게 영화에 대한 새로운 시각을 갖게 해준 책입니다. 이 책에서는…	– OOO 선생님의 작품은 대체로 그런 경향이 있기는 하지만 다른 측면의 부정적인 평가도 있습니다. 그것에 대해서 혹 알고 있는지요? – 영화에 대한 OOO의 책은 출간된 지 오래된 것으로 압니다. 최신작품으로 읽은 것은 없나요?	…
연습 시트						
연습 시트						

6) 행동특성

구분	지원전공	1단계 전공 관련 활동 정리	2단계 예상 답변 만들기	3단계 예상 답변 만들기	4단계 추가 질문 만들기	5단계 추가 답변
인문 (예시)	어문 계열	- 2학년: 평소 독서활동을 왕성하게 하는 학생이며, 학교 일에 적극적으로 앞장서는 행동파 학생이기도 함. 학급회장 및 동아리 부장 등을 병행하면서 적극적으로 학교 활동을 주도하고 학교 축제를 주관하여 많은 선생님들에게 칭찬을 듣는 학생임. 특히 학교 축제를 주관하며 보여준 적극적이고 탁월한 리더십은 다른 학생들의 귀감이 되어…	- 학급회장과 동아리 부장을 병행하면서 학교 활동을 주도했다고 되어 있는데 구체적인 예를 들어본다면 어떤 것이 있을까요?	- 학급회장으로서 저는 학급문고를 개설하여 운영하는 일을 주도했습니다. 이 일을 성공적으로 수행하기 위해서 학급회의를 수시로 열어 친구들의 협조를 이끌어내려고 노력했습니다. 또한 동아리 부장으로서 학교 축제에서 연극 공연을 성공적으로 진행하기 위해 대본 작성, 연극 연출, 무대 구성 등에 솔선하여 활동했습니다.	- 학급회의를 자주 열어 협조를 이끌어냈다고 했는데 자신의 리더십을 어떻게 표현할 수 있을까요? - 좋은 리더란 어떤 사람인지 예를 들어 설명해주세요.	…
연습 시트						
연습 시트						

2. 학교생활기록부 항목별 면접 준비(공학계열)

※ 학교생활기록부 항목별 전공 관련 활동 정리 및 예상 질문 만들기(연습 시트에 자신에 대한 내용을 직접 작성해봅시다.)

1) 교과 및 세특

구분	지원 전공	1단계 전공 관련 활동 정리	2단계 예상 답변 만들기	3단계 예상 답변 만들기	4단계 추가 질문 만들기	5단계 추가 답변
자연 (예시)	공학 계열	- 생물 : '웹툰에서 발견한 생명현상'이라는 제목으로 수행평가 과제를 진행하여 그 결과를 UCC로 제작하여 발표하였음 - 물리 : 평소 구조물에 대한 관심이 많은 학생으로 트러스교와 아치교 등의 차이점을 정리하여 '교각 구조의 다양성에 대하여'라는 과제를 발표함	- 생물 교과에서 발표한 '웹툰에서 발견한 생명현상'의 내용은 무엇인가요? - 평소 구조물에 대한 관심이 많은 학생이라고 하였는데 특별히 관심이 가는 구조물이 있다면 무엇인가요?	- 생물 교과 발표 주제는 웹툰 OOO과 OOO을 보다가 얻은 아이디어였습니다. 두 작품에는 좀비와 흡혈귀가 주인공으로 등장합니다. 저는 이들을 소재로 혈액이 가진 생명현상의 특징을 설명할 수 있다고 보고… - 저는 트러스 구조에 관심이 많습니다. 이 구조는 지하철을 타고 등교하면서 자주 보게 되는데 이 구조물에 작용하는 힘의 원리에 대해 직접 탐색해보고 싶었습니다.	- 웹툰은 상상력의 산물일 뿐입니다. 상상력을 소재로 실제 생명현상을 설명할 때의 문제점은 없을까요? - 트러스 구조와 아치 구조의 차이점에 대해서는 설명해줄 수 있나요?	…
연습 시트						
연습 시트						

2) 수상경력

구분	지원 전공	1단계 전공 관련 활동 정리	2단계 예상 답변 만들기	3단계 예상 답변 만들기	4단계 추가 질문 만들기	5단계 추가 답변
자연 (예시)	공학 계열	– 창의력 사고 경진대회(과학 부문) 우수상 – 건축모형 만들기 대회 우수상	– 창의력 사고 경진대회는 구체적으로 어떤 대회인가요? – 건축모형 만들기 대회에서 우수상을 받은 과정을 설명해 주세요.	– 창의력 사고 경진대회는 과학, 영어, 사회 분야에서 진행된 종합 경진대회였습니다. 교과 수업 시간에 배운 내용을 토대로 창의적인 산출물을 구성하여 제출하는 대회로 저는 과학 부문에서 OOO원리를 주제로 선택했습니다. – 건축모형 만들기 대회는 접착제를 사용하지 않고 견고한 건축물을 만드는 대회입니다. 저는 친구들과 함께 팀을 구성해서 트러스 구조를 활용한 건축물을 만들고자 했습니다.	– 선택한 OOO 원리는 고등학생이 구체적으로 표현하기 어려운 측면이 많을 것 같은데 어떤 산출물을 제작하였는지 설명해주세요. – 트러스 구조를 활용한 대표적인 건축물을 알고 있다면 예를 들어 설명해주세요.	...
연습 시트						
연습 시트						

3) 창의적 체험활동

구분	지원 전공	1단계 전공 관련 활동 정리	2단계 예상 답변 만들기	3단계 예상 답변 만들기	4단계 추가 질문 만들기	5단계 추가 답변
자연 (예시)	공학 계열	– 건축 관련 동아리 '뚝딱뚝딱' : 평소 건축물에 관심이 많아 구조물을 그리거나 직접 만드는 작업을 꾸준히 수행함. 동아리 부원들과 함께 다양한 구조를 동시에 갖춘 모형 건축물을 만들어 학교 현관에 전시하였음 – 진로활동 : 직업 체험 프로그램 활동에서 건축설계사 사무실을 직접 방문하여 건축 설계의 어려움과 보람에 대한 체험을 하고 자신의 진로를 건축설계로 명확하게 결정함	– 건축 관련 동아리에서 부원들과 만든 모형 건축물은 무엇이며 어떤 특징을 가지고 있는지 설명해 주세요. – 건축설계사 사무실에서 한 체험으로 진로를 명확하게 결정했다고 하는데 특히 어떤 체험이 계기가 되었나요?	– 우리가 만든 모형 건축물의 제목은 '우리가 정말 다니고 싶은 학교'였습니다. 학교 건축물은 가장 특징이 없고 단순한 건축물입니다. 저는 학생들이 즐겁게 등교하고 싶은 학교, 열심히 공부하고 싶은 학교, 창의력이 샘솟는 학교를 건축물로 구현해보고 싶었습니다. 제가 활용한 구조는 크게 두 가지였는데… – 저는 설계사 사무소 구석에 잔뜩 쌓여 있는 버려진 도면에서 큰 깨달음을 얻었습니다. 하나의 설계를 완성하기 위해 얼마나 많은 실패가 기반이 되는지…	– 단순히 건축물을 만든다고 해서 그 건물에서 생활하는 사람의 창의력에까지 영향을 미칠 것이라고 생각하나요? – 사람의 사고력에 영향을 미치는 건축물에는 어떤 것이 있는지 예를 들어 설명해주세요.	…
연습 시트						
연습 시트						

4) 독서활동

구분	지원 전공	1단계 전공 관련 활동 정리	2단계 예상 답변 만들기	3단계 예상 답변 만들기	4단계 추가 질문 만들기	5단계 추가 답변
자연 (예시)	공학 계열	– 만화 〈짐승의 시간〉을 읽고 건축물의 존재 의미에 대해 성찰하는 시간을 가짐 – 〈우리가 절대 알 수 없는 것들에 대해〉를 읽고 과학적 사고와 철학과의 상관성에 대해 생각해보고 감상문을 씀	– 〈짐승의 시간〉은 어떤 내용이기에 건축물의 존재 의미를 생각하는 시간을 갖게 되었나요? – 〈우리가 절대 알 수 없는 것들에 대해〉에서 얻은 가장 중요한 정보는 무엇인가요?	– 〈짐승의 시간〉은 고 김근태 선생님의 고문을 소재로 한 만화입니다. 이 작품에는 김근태 선생님이 갇혀서 고문을 받은 건축물에 대해 설명하는 부분이 나옵니다. 한때는 제가 무척이나 존경했던 건축가가 이런 끔찍한 건축물을 설계했다는 사실을 믿을 수 없어서 실제 그 건축물을 직접 방문해 보기도 했습니다. 건축은 단순한 물리적 구조물이 아닙니다. 저는 이 작품을 통해서…	– 동일한 사람이 설계한 다른 건축물에 대해서 잘 알고 있다면 예를 들어 설명해보세요.	…
연습 시트						
연습 시트						

5) 행동특성

구분	지원전공	1단계 전공 관련 활동 정리	2단계 예상 답변 만들기	3단계 예상 답변 만들기	4단계 추가 질문 만들기	5단계 추가 답변
자연 (예시)	공학 계열	– 2학년 : 평소 건축에 관심이 많아 '사람을 살리는 건축물'이라는 주제로 동아리 부원들과 함께 작업한 결과를 학교 현관에 전시하여 학생들의 전폭적인 지지와 환영을 받음. 건축물 관련 활동을 통해 교과 성적도 놀랍게 향상되었으며 교우관계의 폭도 넓어짐	– '사람을 살리는 건축물'이라는 주제로 작업한 결과물은 어떤 것이었는지 설명해주세요. – 건축물 관련 활동이 어떻게 교과 성적 향상과 연결되었는지 설명해주세요.	– '사람을 살리는 건축물'은 시리즈로 제작한 건축 동아리 활동이었습니다. 처음에는 '우리가 정말 다니고 싶은 학교'라는 주제로 만들었고, 두 번째는 '우리가 정말 살고 싶은 마을'이라는 주제로 만들었습니다. 특히 두 번째로 만든 마을의 특징은… – 건축물 관련 활동을 하면서 제 진로가 더 명확해졌습니다. 건축 관련 학과에 입학하려면 내신 성적도 더 필요할 수 있겠다는 목표가 생기면서 학업에 전념할 수 있었습니다.	– '우리가 정말 살고 싶은 마을'은 건축물 하나만으로 형상화할 수 없었을 것 같은데 어떤 방식으로 표현했는지 구체적으로 설명해주세요.	…
연습 시트						
연습 시트						

합격으로 가는
나만의 면접 방법

　지금까지 학생부종합전형의 일부분인 '면접'을 중심으로 이야기를 했습니다. 우리 입시현장에서 면접이 왜 중요한 것인지 생각해보았습니다. 면접이라는 하나의 전형 요소를 준비하는 일이 우리 교육 전체를 변화시키는 계기가 될 수 있는 일인지를 모험적으로 살펴보았습니다. 이 모든 일의 궁극적인 결말은 결국 대학 입시에서 좋은 결과를 얻을 수 있는가 하는 질문으로 귀결될 것입니다. 아무리 면접 연습을 잘해도 결국 원하는 대학에 합격하지 못한다면 의미가 없는 행위가 될 것이기 때문입니다.

　입시에서 만족할 만한 결과를 얻는 일은 결국 자신이 원하는 대학, 자신이 원하는 학과에 합격하는 일입니다. 하지만 단순히 면접만 연습한다고 해서 원하는 대학과 학과에 합격할 수는 없습니다. 이 글에서는 면접 그 자체만이 아니라 면접을 위해 필요한 교육 환경, 안정적인 면접을 위해 학년별로 준비해야 할 것, 학교생활기록부와 자기소개서를 만드는 방법, 교과와 비교과에 관한 준비사항, 학부모와 학생과 교사가 어떻게 협력하여 수업을 만들어가고 학생을 성장하게 할 것인지 등에 대한 제 견해를 개략적으로 전개해보았습니다.

이 방법으로 연습한다고 해서 반드시 합격이 보장되는 것은 아닙니다. 하지만 이 방법으로 연습하는 일은 자신의 학업역량을 극대화시키고 학교생활을 적극적이고 능동적으로 개선하며 교우관계를 개선하고 교사와의 친밀감을 높이는 일이 될 수 있습니다. 그리고 무엇보다도 부모와 자녀 사이의 교육적 유대감을 돈독하게 만들 수 있습니다. 어떻게 보면 그런 교육적 효과를 얻는 것이 대학에 합격하는 일보다 더 중요한 결말이 될 수 있습니다. 그와 동시에 이런 방법의 면접 준비는 자신의 현실을 정확하게 인식하고 발전의 기회를 만들어서 대학 합격의 가능성을 훨씬 높여준다는 사실 역시 명확할 것입니다.

대학 합격을 완벽하게 보장하는 가장 실질적인 방법은 결국 자신의 역량을 개발하고 극대화하여 자신의 적성과 특기에 맞는 학과를 발견하고 준비하는 일입니다. 그 일을 위해 수시모집이 있고 학생부종합전형이 있으며 자기소개서가 있고 면접이 있습니다. 학생부종합전형을 준비하면서 자신의 생각을 확장하고 자신만의 문장을 개발하고 자신의 언어를 발전시키는 소중한 기회를 만드시길 바랍니다. 그것이 곧 대학 합격의 길로 연결될 것이라 믿습니다. 고맙습니다.

감사의 글

입학사정관?

대학 입학을 위해 일하는 사람.

학생들을 일정한 기준으로 선발하는 직업인.

입학 전 프로그램과 입학 후 추수지도를 담당하는 사람.

해마다 사업계획서의 압박과 결과보고서의 부담에 쫓기는 직업인.

정규직과 비정규직으로 구분된 현실에서 미래가 보장되지 못한 직장인.

전형 준비, 공동사업, 공동연구, 주말 근무, 야근 등의 단어가 부록처럼 달린 사람들.

열심히 일해도 사회와 대학의 시선은 곱지 않고 불신과 시기와 의혹의 대상으로 지목당하는 입시전문가.

정년은 보장되지 않으나 퇴직 후 3년 동안 무슨 일을 하는지 의무적으로 공개해야만 하는 이상한 직업인.

입학사정관 근무 경력이 부족해서 그런지 저는 제 정체성을 아직 잘 모르겠습니다. 제가 정말 입시전문가가 맞는지 수시로 자신을 의심하며 삽니다. 아직 10년도 되지 않은 초보 입학사정관으로서 무모하게 이런 책을 쓰게 되었습니다. 이 책은《나를 발견하는 자소서》의 연장선에 있습니다. 면접을 통해서 자신을 발견하고 개발하기를 바라는 마음으로 썼습니다.

한때는 교사였던 사람으로서 저에게는 여전히 학생들에 대한 마음의 빚이 남아있습니다. 학생들에게 입시 자료를 안내하고 입시 관련 교육을 진행하고 선발 작업에 참여하고 입학 후 추수지도를 하고 입시 관련 연구나 사업을 진행하면서도 이 빚진 마음은 사라지지 않았습니다. 마음속에 남은 빚을 조금이나마 정리하기 위해 이 책을 썼습니다. 부디 이 책의 아주 일부분이라도 누군가에게 유익한 자료가 되었으면 좋겠습니다. 대한민국의 모든 학생들이 지루하고 고통스러운 학교생활이 아니라 행복하고 즐겁고 활기찬 시절을 보낼 수 있기를 바랍니다. 면접을 준비하는 과정이 그런 활력의 일부가 되면 더 좋겠습니다.

어려운 시절에 선뜻 책을 만들자고 연락을 주신 팬덤북스 박세현 대표님께 감사드립니다. 노안만 빨리 왔을 뿐 여러 모로 더디고 굼뜬 저를 동료로 감싸주시고 도와주신 우리 사무실 모든 입학사정관님들께 감사합니다. 유난히 힘들고 바쁜 중에도 제 어수선한 원고를 먼저 읽어주시고 정말 유익한 조언을 해주신 김영훈 입학사정관님께 특별히 감사드립니다. 2년이 지나면 다른 일자리를 찾아 유랑하는 모든 계약직 입학사정관들과 정년을 알 수 없는 무기계약직 입학사정관들과 이름도 해괴한 프로젝트 무기계약직 입학사정관님들께 감사드립니다. 이 책을 쓰면서 다른 입학사정관님들을 많이 생각했습니다.

언제나 그렇듯이 내 삶의 원동력이 되어주는 한서정, 한서영, 한서웅, 한서화, 한서진에게 감사와 사랑을 전합니다. 그리고 이 땅에 내려와 나를 새롭게 하신 나만의 하느님 송은실 님께 사랑과 영광을 드립니다. 고맙습니다.

2021년 3월 한기호 드림